Sabine Szymanski

Klaus Bannach/Kurt Rommel (Hg.)

Religiöse Strömungen unserer Zeit

Eine Einführung und Orientierung

Quell

ISBN 3-7918-2328-0

1. Auflage 1991
Umschlaggestaltung: Heinz Simon, Quell Verlag
Satz und Druck: Quell Verlag, Stuttgart

Inhalt

Alphabetischer Überblick

Vorwort

Die Texte dieses Buches beschäftigen sich mit dem immer bunter werdenden Erscheinungsbild von Religion in unserer Gesellschaft. Die meisten davon sind bereits im Evangelischen Gemeindeblatt für Württemberg abgedruckt worden. An zwei oder drei Stellen schien uns eine Erweiterung der Liste der »Sondergemeinschaften« nötig. Außerdem sind, wo es sie gibt, Literaturhinweise für den interessierten Leser hinzugefügt worden. Die vorliegenden Texte wollen eine erste Bekanntschaft mit nicht-kirchlichen Ausdrucksformen des Religiösen vermitteln. Die Autoren teilen die Überzeugung, daß die Bedeutung der Wiederkehr der Religion in der Kirche lange unterschätzt worden ist. Der christliche Glaube hat es heute nicht nur mit der Entkirchlichung der Gesellschaft zu tun, sondern ebensosehr damit, daß ihm auf seinem ureigensten Gebiet, der religiösen Deutung menschlichen Lebens, eine ernstzunehmende Konkurrenz erwächst. Und wir wissen noch nicht einmal, wie wir uns diesem Problem stellen sollen. Gegenstrategien entwickeln? Unbeirrt unseren Weg gehen?
Die Autoren dieser Texte teilen ferner die Überzeugung, daß es eines angestrengten Versuches bedarf, die neuen (und alten) Erscheinungsformen des Religiösen zu verstehen. Die Zeit der so bequemen Pauschalurteile ist vorbei. Wir müssen unsere Augen und Ohren öffnen, genau hinsehen und hinhören, wenn von religiösen Strömungen die Rede ist. Das heißt aber nicht, daß wir mit unserer Kritik an unmenschlichen Formen von Religion, die es auch gibt,

zurückhaltend sein müßten. Einige der folgenden Texte machen dies deutlich. Insgesamt wirft die neue Situation, die sich in den folgenden Beiträgen niederschlägt, die Frage auf, ob wir für die religiöse Bildung mehr tun müßten, um die Urteilsfähigkeit in religiösen Fragen zu stärken. Manche der sogenannten Jugendreligionen leben beispielsweise von der religiösen Ahnungslosigkeit der Menschen, an die sie sich wenden.

Wer Informationen zur Vertiefung braucht, wende sich entweder an die Evangelische Zentralstelle für Weltanschauungsfragen (EZW), Hölderlinplatz 2a, oder an den Evangelischen Gemeindedienst, Abteilung Theologische Studien, Referat für Weltanschauungsfragen, Gymnasiumstraße 36, in Stuttgart. Als Herausgeber danken wir unseren Kollegen in der EZW und im Evangelischen Gemeindedienst für ihre Bereitschaft, an unserem Buchprojekt mitzuarbeiten.

Klaus Bannach/Kurt Rommel

GOTTFRIED KÜENZLEN

Einleitung: Der christliche Glaube in neuer Situation

»Die Kirche hat ihr religiöses Monopol verloren.« Mit diesem Satz läßt sich schlaglichtartig die neue geistige Situation benennen, in die wir heute als Kirche und Christenheit hineingestellt sind. Aufgewachsen in dem Bewußtsein, daß Kirchlichkeit und Religion zusammengehören, müssen wir heute feststellen, daß zunehmend neben und außerhalb der Kirche Religion gelebt wird. Es gehört zu den aufregenden Kulturerscheinungen der letzten rund 15 Jahre, daß sich neben den Kirchen und an ihnen vorbei neue Formen von Religiosität und Spiritualität entwickelt und etabliert haben.
Verwundert müssen heute die Theologen und Sozialwissenschaftler, die sich bis vor kurzem noch ihrer Prognose eines »religionslosen Zeitalters« so sicher waren, feststellen: diese angeblich religionslose Welt ist voll von Religion. So ist es ein Kennzeichen unserer gegenwärtigen Situation: Der Prozeß der Verweltlichung und der Entkirchlichung, ja auch Entchristlichung geht heute ungebrochen weiter, und doch meldet sich gleichzeitig ein neues religiöses Umgetriebensein, das sich freilich weithin nicht kirchlich orientiert. Wer sich etwa in unseren Großstädten (aber nicht nur dort!) umsieht, wird zwar immer leerere Kirchen entdecken, aber gleichzeitig eine Fülle religiöser Angebote.
Ein wahrer Markt der religiösen Möglichkeiten hat sich gebildet: dabei ist nicht nur an die herkömmlichen und bekannten Sekten und religiösen Sonder- und Weltanschauungsgemeinschaften zu denken, die weiterhin ihren wach-

senden Zulauf haben. Hierher gehören auch religiöse Neugründungen, die in den letzten Jahren als sogenannte »Jugendsekten« publizistisch viel Beachtung fanden (z.B. die »Scientology Church« oder die Moon-»Vereinigungskirche«). Insbesondere aber ist es der Aufschwung okkult-esoterischer Weltdeutung, der den gegenwärtigen Markt der religiösen Möglichkeiten prägt: Astrologie in vielerlei Spielarten, Psychokulte aller Art, Reinkarnationstherapien, Hexenglaube und Satanismus, magisch-okkulte Praktiken, Spiritismus, neue Faszination an Naturreligionen, Einflüsse östlich-indischer Spiritualität und Mystik in unzähligen Facetten – vor allem aber der Glaube an die Wendezeit des »New Age«, der Glaube an das heraufkommende »Wassermann-Zeitalter«.

Zu diesem Syndrom neuer religiöser Strömungen gehören auch fundamentalistische und teils neupfingstlerische Gruppierungen, die sich, nicht selten mit amerikanischem Hintergrund, bei uns als »freie Glaubenswerke« etablieren und, wie es scheint, eines immer größeren Zustroms erfreuen.

Schließlich ist auch der Missionswille und das Sendungsbewußtsein anderer Weltreligionen, wie vor allem des Islam und buddhistischer Strömungen zu nennen, die den Westen und eben auch die Bundesrepublik als Missionsgebiet entdeckt haben.

Ohne eine Einzelbeschreibung dieses blühenden Marktes der religiösen Möglichkeiten vorzunehmen – dies wird Aufgabe der folgenden Beiträge sein –, sei der Befund noch einmal zusammengefaßt: zunehmend leben wir in eine multireligiöse Kultur hinein, in der unterschiedliche religiöse Welt- und Daseinsverständnisse lebendig sind und die Lebensführung von Menschen bestimmen.

Die Gründe für dieses neu erwachte Interesse an Religion sind vielschichtig und vielgesichtig. *Einer* der Gründe ist aber ganz sicher: eine zunehmende Zahl bewußt lebender Zeitgenossen erfährt unsere gegenwärtige Welt als unsicher, ja bedrohlich. Eine wachsende Zukunftsunsicherheit prägt das Lebensgefühl vieler. In den neuen religiösen Angeboten werden nun neue Sicherheit und Geborgenheit gesucht, die neue religiöse Gruppe wird zur rettenden »Arche« inmitten der drohenden Gefahren, zur Wärmestube in einer kalt-technizistischen Lebenswelt.

Spätestens an diesem Punkt muß uns als in unserer Kirche beheimatete Christen die Frage bedrängen: Warum lebt diese neue Religiosität weitgehend an der Kirche vorbei, warum führt diese Suche nach Geborgenheit und neuer Lebenssicherheit oft in die absonderlichsten Formen einer »vagabundierenden Religiosität« und findet so wenig den Weg in die christliche Gemeinde? Was ist mit uns und unseren Gemeinden, daß dieses innere Umgetriebensein und die religiöse Sehnsucht vieler an unserem kirchlichen Leben vorübergehen?

Auch hier sind die Gründe für den *religiösen Bedeutungsverlust* der Kirche vielfältig. Einer Frage können wir nicht ausweichen: Haben wir, vor allem in unserer evangelischen Kirche, in den letzten Jahren zu sehr auf Intellektualität und Rationalität gesetzt – *ohne* die es freilich auch nicht geht? Waren wir zu verstrickt in eine, vor allem auch politisch orientierte, Umtriebigkeit – die ja auch ihre guten Gründe hat? Haben wir darüber vergessen, daß der Glaube eine Sache des Herzens und der Erfahrungen mit Gott ist? Es scheint, daß die religiöse Erfahrung mehr und mehr aus der Kirche auszuwandern droht und sich Erfüllung sucht in den vielfältigen Angeboten eines religiösen Supermarktes.

So führt uns das Nachdenken über die religiöse Situation zuerst in eine selbstkritische Besinnung über unser eigenes kirchliches Leben, über eigene Versäumnisse und Defizite. Nicht eine sterile Abwehrhaltung gegenüber den Erscheinungen der »neuen Religiosität« darf unsere erste Reaktion sein, sondern die Frage, ob uns dort nicht in verfremdetem Gewand Themen und Horizonte unseres eigenen Glaubens wiederbegegnen, die wir vergessen haben und die aus dem Gehäuse unserer Kirchlichkeit ausgewandert sind.
Wo wir dieser Frage nicht ausweichen, ist freilich sogleich auch zu betonen: es gibt heute mächtige geistige und religiöse Strömungen, in die wir als Kirche und Christenheit gestellt sind, die sich christlich nicht einholen lassen, die in offenem oder geheimem Widerspruch zum christlichen Glauben stehen. Galt und gilt dies schon für manche der »alten« Sekten, so gilt dies auch zum Beispiel für die neu aufgekommene New-Age-Bewegung, der deshalb in diesem Buch auch ausführlich Raum gewidmet ist. Im Kern ist sie ein religiöses Selbsterlösungsprogramm, in dem der Mensch zum Regisseur seiner eigenen Rettung und zur Rettung der Welt wird und in dem das Wort von der Gnade und die Botschaft vom Kreuz keinen Raum haben.
So zwingt die heutige geistig-religiöse Lage Kirche und Christenheit wieder in die Aufgabe, die Geister neu scheiden zu lernen. Dies zu betonen ist an der Zeit, wenn wir beobachten, daß im kirchlichen Raum hier und da einer unbefragten Rezeption etwa des »New-Age«-Denkens das Wort geredet wird. Sich durch Anleihen bei den religiösen Angeboten des Weltanschauungsmarktes kirchliche »Aktualität« sichern zu wollen, das hat keinen langem Atem. Diesen Wettlauf mit dem Zeitgeist wird die Kirche immer nur verlieren können. Gefragt sind Offenheit und Dialogbereit-

schaft, aber nicht eilfertige Anpassung, die meint, alles, was sich an neuer Religiosität regt, in die eigenen kirchlichen Mauern hereinholen zu können. Hier bilden sich schnell religiöse Grauzonen, in denen die Geister eben nicht mehr leicht zu scheiden sind.

So führt uns die Beschäftigung mit den heutigen religiösen und weltanschaulichen Strömungen zu der Frage, wer wir, inmitten der vielen Stimmen und Mächte der Zeit, denn *selbst* sind – als Kirche, als christliche Gemeinde, als einzelne Christen.

WALTER SCHMIDT

New Age als »sanfte Verschwörung«

Östliche Weisheit und westliche Wissenschaft, die Spiritualität Asiens und die Rationalität des Abendlandes – im flachen »alten Bewußtsein« schlossen sich solche Denk- und Erfahrungsmuster gegenseitig aus. Künftig braucht dies nicht mehr der Fall zu sein: »New Age« macht's möglich.

Eine Phantasieerzählung, die die amerikanische Wissenschaftsjournalistin Marilyn Ferguson in ihrem Buch mit dem deutschen Titel »Die sanfte Verschwörung« (Basel 1982, engl.: »The Aquarian Conspiracy«) als Beispiel für die bisherige babylonische Gefangenschaft des abendländischen Bewußtseins anführt, heißt denn auch »Flatland«. In diesem »Flachland« leben geometrische Figuren in einer ausschließlich zweidimensionalen Welt. Der Erzähler der Geschichte, ein »Quadrat mittleren Alters«, hat nun einen furchtbaren Traum: Er kommt in ein eindimensionales »Lineland« (»Land der Linien«), dessen Einwohner sich nur von Punkt zu Punkt fortbewegen können. Er versucht zu erklären, daß er »eine aus Linien bestehende Linie« ist, die sich nicht nur von Punkt zu Punkt, sondern sogar von Seite zu Seite fortbewegen kann! Natürlich glaubt man ihm in »Lineland« kein Wort.

Als ihm sein Enkel (»ein kleines Sechseck«) am darauffolgenden Tag die Möglichkeit einer dritten Dimension vorschlägt, in der man sich auch »von links nach rechts und von oben nach unten« bewegen kann, erklärt ihn »das Quadrat« für verrückt. Bis er einen neuen Traum von »Spaceland«, »dem Reich der drei Dimensionen« hat. Eine Kugel erklärt sich ihm nun als »ein aus Kreisen bestehender Kreis«. Als sie merkt, daß sie das Quadrat damit nicht überzeugen kann, verschafft sie ihm eine Erfahrung räumlicher Tiefe. Das »Quadrat« wird angesichts dieser Erfahrung zum Wanderprediger und versucht, die Bewohner von »Flatland« von der Existenz einer dritten Dimension zu überzeugen. Natürlich wird er eingesperrt und für verrückt erklärt.

Das soll künftig – im Zeitalter des »Neuen Bewußtseins« – nicht mehr passieren. Neue, andere, »höhere Bewußtseinszustände« sollen dies verhindern. Natürlich stößt die Beschreibung dieser Zustände zunächst »zwangsläufig« noch auf Schwierigkeiten – genauso, wie es dem »Quadrat« aus »Flatland« kaum möglich war, seine Erlebnisse im »Spaceland« verständlich zu machen und in Worte zu fassen. Wer aber deshalb solche Möglichkeiten als »unsinnig« oder »verrückt« abtut, der macht genau dasselbe wie die Bewohner von »Flatland«, die sich eine dritte Dimension nicht vorstellen konnten und deshalb das »Quadrat« für verrückt erklärten.

Selbst im Westen weiß man inzwischen, daß der sogenannte »normale« Wachzustand nur einer von vielen möglichen Bewußtseinszuständen ist, ja daß die »Wirklichkeit« immer relativ ist, je nach Wahrnehmung. Was »normal« oder »wirklich« ist, können wir letztlich nicht beurteilen – solange wir selbst in einer bestimmten Wirklichkeit leben, in einem bestimmten Weltbild befangen sind. Deshalb plädiert Marilyn Ferguson für »paranormale« Fähigkeiten und bemüht sich, einen »höheren Bewußtseinszustand«, nämlich den »der vierten Dimension«, zu erreichen. Dies geschieht ihrer Meinung nach durch »Transformation«, durch Umgestaltung, »Neustrukturierung« des Bewußtseins.

Tiefgreifende »Bewußtseinserweiterungsprogramme« sind

also Mittel, um Menschen aus ihrer dreidimensionalen Bedingtheit herauszukatapultieren. »Tiefgreifende innere Veränderungen können sich als Antwort auf disziplinierte Kontemplation und schwere Krankheit einstellen, ebenso auf Hochgefühle, kreatives Bemühen, spirituelle Übungen, kontrolliertes Atmen, Techniken des ›Gedankenzurückhaltens‹, Psychedelika, auf Bewegung, Isolation, Musik, Hypnose, Meditation, Träumerei sowie als Folge intensiven, intellektuellen Ringens.« In all diesen Haltungen ist der Weg ins »esoterische Reich des Spirituellen« möglich: ins »Jenseits des inneren Paradieses«.
Nach Ferguson ist dieser Weg über die (*vier Stufen* umfassende) Technologie der »Transformation« zu erreichen. Der »Einstieg«, die *erste* Stufe, kann durch unterschiedlichste Anlässe ausgelöst werden, durch alles, was uns unser altes Weltverständnis, die alten »Prioritäten« und »Paradigmen« aufrüttelt. Die »Erforschung«, die *zweite* Stufe der »Transformation«, führt den Betroffenen zur Überprüfung des Neuen und zur erweiterten Beschäftigung mit demselben. Er liest mystisch-magisch-okkulte Schriften, betreibt asiatische Meditation, hört »Obertonmusik«, übt »Psychotechniken« oder beschäftigt sich mit ganzheitlichen (»holistischen«) Theorien und »holographischen Weltbildern«. Die Weisen des Einstiegs und der sich daran anschließenden »Erforschung« sind so vielfältig möglich wie die alternativen (meist asiatischen) Angebote im »Zeichen des Aquarius (Wassermanns)«.
Immer weitere Auseinandersetzungen mit den für die Erforschung nötigen Inhalten bringt schließlich eine Überzeugung der Sache mit sich, die die *dritte* Stufe der »Transformation«, die »Integration« mit den Dingen und Inhalten hervorbringt. Dieser folgt dann schließlich die »Verschwö-

rung« (conspiracy) als letzte *(vierte)* Stufe der »Transformation«. Auf der vierten Stufe, jener »Verschwörung«, entdeckt der Übende nun »andere Quellen der Kraft und verschiedene Möglichkeiten, dieselben zur persönlichen Erfüllung und im Dienst der Mitmenschen anzuwenden. Das neue (nichtmechanistische) Paradigma übt nicht nur auf sein eigenes Leben eine Wirkung aus – es scheint auch bei anderen Menschen eine Wirkung zu zeigen«.
Der Weg der »Transformation« ist freilich nur möglich, weil wir Menschen »Geistwesen« und prinzipiell »offen« für Geist sind. Voraussetzung für »Transformation« und »Bewußtseinserweiterung« indes ist, daß der Mensch sich für solche »Geisteinflüsse« öffnet – öffnet durch ein »bewußtes Passivwerden«. Dies bedingt aber eine willentliche Zurücknahme des eigenen Willens und eine »antiaktive« Haltung der Passivität. Ist dies erreicht, gerät der »willenlose«, »loslassende« Mensch auf den »Pfad der Bewußtseinserweiterung«. Im Endeffekt bewirkt dieser Pfad – sei es via asiatischer Meditation oder sonstiger »Verschmelzungstechniken« im losen »Netzwerk« der kleinen Gruppen aller sozialen und intellektuellen Schichten – das »neue Denken«, die »neue Welt«, den »neuen Menschen«.

Die Inhalte des »neuen Denkens« sind freilich nicht neu, sie sind größtenteils die Wiederbelebung alten, okkulten Denkens, jetzt freilich vermischt und verbunden etwa mit pseudowissenschaftlichen Inhalten der »Holismus«-Diskussion, der Terminologie der »Systemtheorie« oder der Debatte um den »Paradigma«-Begriff.
Die anthropologische Feststellung nutzend, daß der Mensch »Geistwesen« ist, entwerfen die »New-Age-Denker« auf diesem Hintergrund unter Rückgriff auf alte esoterisch-ok-

kulte Traditionen sowie – bislang keineswegs allgemein anerkannte – pseudowissenschaftliche Aussagen ihre »bewußtseinserweiterte Wirklichkeitsdeutung«. In ihr sind neben der wahrnehmbaren »Dreidimensionalität« (Raum, Zeit, Materie) weitere Dimensionen erfahrbar. So die des »eigenen Ichs« (»Selbsterfahrung«, Psychotherapie), der verschiedenen, »vorgeburtlichen Leben« (Reinkarnation) sowie die der »Zukunftsschau« (Vision, Telepathie, Präkognition). Die sichtbare Welt ist für sie eingebettet in ein größeres »wirkliches« Ganzes, das letztlich nur mystisch-okkult erfahrbar wird.

Von diesem Ansatz ausgehend, lassen sich folgende »New Age«-Denkinhalte festhalten:

1. Das Ganze ist mehr als die Summe seiner Teile.
2. Der Mensch ist »Geistwesen« und durch »evolutive Therapien« zur »Bewußtseinserweiterung« fähig.
3. Sein Selbst ist sein innerer Guru.
4. »Die Materie ist auf Vergeistigung angelegt, der Mensch auf Gottwerdung.«
5. Erde und Welt sind nur Teil eines kosmischen Ganzen.
6. Der Mensch verfügt über das gesamte »kosmische Netzwerk« in sich selbst.
7. Das Gehirn des Menschen ist Teil eines »großen Ganzen«, das grundsätzlich Zugang zu allen Informationen des gesamten »kybernetischen Systems« hat. Es ist materieller Körper wie auch und besonders ein ausgedehntes immaterielles Bewußtseinsfeld. Aber nicht das Gehirn produziert Bewußtsein, sondern das Bewußtsein bedingt das Auftreten des Gehirns wie auch der Materie des Raums und der Zeit – also dessen, was wir als das physische Universum interpretieren.
8. Die »Erlösung der Welt« und die »Erleuchtung des Men-

schen« liegen in den noch zum Teil verborgenen (»okkulten«) Kräften des Menschen. Sie müssen nur – mit »meditativen Techniken« – »entdeckt« und mittels »Psychotechnik« »entfaltet« werden. Jeder ist sein eigener Wissenschaftler in seinem eigenen Labor.

9. Das Widrige, Nichtige, Negative, Böse in Welt und Mensch ist lediglich der momentane Zustand des »Noch-nicht-erleuchtet-Seins«.

10. Der Mensch bestimmt durch sein (sensibles, spirituelles, ganzheitliches, ökologisches, kommunikatives...) Verhalten, ob es in Politik, Gesellschaft, Wissenschaft und Menschheit zu einem sozialen Zusammenbruch oder zu einem planetarischen Durchbruch kommt.

11. Alle Religionen, Kulte und Rituale, die den Menschen als »potentiell göttlich« aktuell am göttlichen Sein und Einen »teilhaben« lassen, sind eins.

12. Deswegen muß der biblisch-geschichtliche »Gottesbegriff« überwunden werden – zugunsten der »Zustandsgötter des seligen Augenblicks«.

KLAUS BANNACH

New Age-Spiritualität

New Age-Anhänger sind der Meinung, im Grunde seien alle Religionen aus allen Kulturen und allen Zeiten der Menschheitsgeschichte gleich. Entsprechend gibt es in den verschiedenen New Age-Gruppen eine unübersehbare Fülle spiritueller Praktiken aus allen religiösen Traditionen der Menschheit. Aber es ist doch deutlich, daß alle diese Praktiken ein einziges religiöses Ziel verfolgen, nämlich mit der ganzen Menschheit, dem ganzen Kosmos in Harmonie zu kommen, eins zu werden, ja zu verschmelzen.
New Age-Spiritualität ist also weitgehend mit dem Vorgang der »Bewußtseinserweiterung« identisch. Aber was ist Bewußtseinserweiterung? Bewußtseinserweiterung ist die Erfahrung: ich bin mit allen Menschen, allen Wesen, dem ganzen Kosmos, allen Zeiten identisch. Bewußtseinserweiterung ist somit eine absolute Entgrenzungserfahrung, mein Ich transzendiert alle Grenzen. Solche Erfahrungen können mit Drogen herbeigeführt werden. Und New Age-Theoretiker wie St. Grof und M. Ferguson nehmen ausdrücklich zum Einstieg in solche Erfahrungen die Hilfe von Drogen in Anspruch. Sie verweisen dabei auf das Peyote, das bei indianischen Schamanen und das Soma, das im Hinduismus des alten Indien eine Rolle spielte.
Aber auf die Dauer genügen Drogen nicht, um das Bewußtsein des Menschen nachhaltig zu ändern. Auf die Dauer können nur die religiösen Techniken aus der Überlieferung der Menschheit Bewußtsein verändern. Und da kommen

nun in erster Linie die Meditationstechniken aus dem Yoga des Hinduismus und dem Buddhismus in Betracht.
Aber Meditation ist nicht gleich Meditation; ein Yogi und ein buddhistischer Mönch verfolgen mit ihren Übungen ganz andere Ziele, obwohl es beide Male um Bewußtseinserweiterung geht. Alle Formen des Yoga (auch diejenigen des Hatha Yoga, die im Westen als eine Art Freizeitsport praktiziert werden), streben die Vereinigung mit dem Göttlichen (Brahman) an, damit der Geist, wenn er sich zur Unendlichkeit Brahmans erweitert, endlich seine Ruhe findet. Das ist Bewußtseinserweiterung (Samadhi) im Yoga.
Auch im Buddhismus ist die Entgrenzungserfahrung eine Heilserfahrung. Aber sie wird nicht als Vereinigung mit dem Göttlichen erfahren (das der Buddhismus nicht kennt), sondern als Auflösungsprozeß, an dessen Ende der Mönch aufhört zu sein und so die Gewißheit erlangt, nicht mehr wiedergeboren zu werden, ein Arhat zu sein. Meditation führt in buddhistischen Meditationstechniken nicht zur Annäherung an Gott wie im Yoga. Man kann bei buddhistischen Meditationstechniken auch nur sehr bedingt von Selbsterlösung sprechen, weil der Buddhismus ein menschliches Selbst, das erlöst werden müßte oder erlöst werden könnte, nicht kennt. Aber es trifft zu, daß Heilsgewißheit das Ergebnis der Meditation, also menschlichen Tuns ist.
Neben dieser Meditation zur Erlangung der Heilsgewißheit gibt es jedoch noch die Sattipathana-Meditation, deren Ziel es ist, dem Menschen zu konzentrierter Präsenz zu verhelfen, ihn wach zu machen, ohne weitere religiöse Absichten. »Wenn ich sitze, dann sitze ich, wenn ich atme, dann atme ich . . .« Die Zen-Meditation schließlich vereinigt beide Absichten der frühen buddhistischen Meditationsformen in sich. Sie will zunächst nichts anderes, als die Konzentra-

tionsfähigkeit des Meditierenden zu fördern. Erleuchtung (sartori) kommt oder kommt nicht; sie wird durch das Meditieren nicht erzeugt und ist insofern so etwas wie eine Begegnungserfahrung.

Nicht alle östlichen Meditationsformen haben ursprünglich die Bewußtseinserweiterung zum Ziel, auch wenn sie von New Age-Anhängern dafür in Anspruch genommen werden. Man muß hier sehr genau unterscheiden.

Christen können die Sehnsucht nach Bewußtseinserweiterung, nach einer Vereinigung des Menschen mit Gott und dem ganzen Kosmos nicht nachvollziehen. Das widerspricht christlichem Glauben schon im Ansatz. So berichtet z.B. Jes. 6 von der unmittelbaren Begegnung eines Menschen mit Gott. Die Majestät und Erhabenheit Gottes sprengt den Tempel, stößt weit in den Kosmos vor. Der Prophet vermag nur den Saum seines Gewandes zu sehen. Die Erfahrung dieser unendlichen Majestät Gottes läßt Jesaja bewußt werden, wie weit er von Gott entfernt ist, daß er nur ein sündiger, endlicher Mensch ist, der freilich dennoch von Gott beauftragt wird.

Wo Gott und Mensch einander in einer so intensiven Begegnung gegenübertreten, bekommt der Mensch nicht Teil an Gottes Unendlichkeit, wird er also nicht selbst göttlich, sondern im Gegenteil: er wird sich der Endlichkeit und Vergänglichkeit seines Menschseins im Angesicht Gottes erst bewußt.

Auch die christliche Mystik, die zu sehr weitgehenden Aussagen über die Einheit von Gott und Mensch gekommen ist, hat dies grundsätzlich nicht anders gesehen. Sie meditiert immer wieder die Erfahrung, daß jede Vereinigung mit Gott im Gebet (unio mystica, mystische Vereinigung) den Menschen nur um so mehr auf sich selbst zurückwirft, ihm den

Schmerz des Getrenntseins von Gott deutlich macht. Deswegen ist die christliche Mystik in der Regel Kreuzesmystik.

Der Mensch vermag gerade bei der Suche nach der Einheit mit Gott die Bedingungen seines Menschseins nicht zu überwinden; er kann nicht aus seiner Haut heraus. So heißt es zum Beispiel in einem Gebet von Jakob Böhme aus dem Jahre 1624: »O du Feuer und Licht der großen Inwendigkeit, erbarme dich über mein Elend und hilf mir aus diesem dunklen Hause, darinnen ich gefangen bin. Gib mir doch wieder eine wahre Erkenntnis deines Wesens...« Der Beter, der sich an Gott, das Feuer und Licht der großen Inwendigkeit wendet, erkennt nur umso mehr, wie es um ihn selbst bestellt ist, wie er gefangen ist im Hause der Dunkelheit. Die Beseitigung dieses Zwiespalts wird der Bitte an Gott anvertraut, wird also Gott überlassen und nicht mit Hilfe einer meditativen Technik selbst aus dem Wege geräumt. Ganz ähnlich endet Gerhard Tersteegens bekanntes Lied »Gott ist gegenwärtig« (EKG 128) mit den Zeilen: »Wo ich geh, sitz und steh, laß mich dich erblicken und vor dir mich bücken.«

Die Erfahrung von Gottes Gegenwart führt zur Anbetung Gottes, in der der Unterschied zwischen Gott und Mensch geradezu thematisiert wird. Gott ist Gott, und der Mensch ist Mensch. Dies durch »Bewußtseinserweiterung« zu verwischen, würde vor allem dem Menschen schaden. Er müßte stets größer sein als er sein kann, er müßte Gott sein, und genau das verwehrt ihm die Bibel in der Paradieserzählung von Anfang an.

So hat denn der christliche Glaube in seiner Geschichte auch keine meditativen Techniken ausgebildet, mit deren Hilfe man die Grenze zwischen Gott und Mensch überspringen kann. Das heißt nicht, daß in der Christenheit nicht meditiert wurde. Ganz im Gegenteil. Die Mönchsorden des Mittelalters pflegten die Meditation. Gebet, Meditation, Contemplation, wie es seit Hugo von St. Viktor (1097-1141) hieß. Noch Luther hat täglich meditiert und hat in Gebet, Meditation, Anfechtung die Kennzeichen des Theologendaseins erblickt. In all diesen Zusammenhängen ist jedoch vor allem die Schriftmeditation gemeint. Die unmittelbare Gottesschau – sie blieb der Vollendung aller Dinge bei Gott vorbehalten.

New Age-Anhänger würden an diese ganze christliche Tradition, das Verhältnis zwischen Gott und Mensch zu verstehen, die Frage stellen: zum Verhältnis von Gott und Mensch wißt ihr viel Schönes und Wahres und Tiefes zu sagen. Wo aber bleibt in diesem Verhältnis der Kosmos, die Schöpfung? In eurem Verhältnis zu Gott spielt die Schöpfung keine Rolle. Ihr seid mit der Sündenvergebung zufrieden. Und das ist der Grund, weshalb für euch die Bewahrung der Schöpfung nur ein technisches oder ein wissenschaftliches Problem darstellt.

Wir sollten dieser Anfrage viel Aufmerksamkeit widmen, aber uns gleichwohl nicht von ihr verblüffen lassen. Denn daß der Mensch die Schöpfung ausbeutet, anstatt sie zu bewahren – das hat ja gerade damit zu tun, daß er die Rolle Gottes spielt, dem »Gotteskomplex« erliegt (H.E. Richter), anstatt sich in die sehr viel bescheidenere des Menschseins einzuüben, d.h. seinen Platz in dieser Welt und in dieser Zeit und an diesem Ort zu finden, eben ein Mensch in seinen Grenzen zu sein.

KLAUS BANNACH

Wassermannzeitalter

Für den New Age-Anhänger ist das Wassermannzeitalter eine Vorstellung mit hohem utopischem Gehalt. In diesem Zeitalter, das gerade beginnt, wird die Menschheit sanft und friedlich und naturnah. Will man das Besondere dieser Utopie verstehen, muß man sich für einen Augenblick erinnern. Seit den 60er Jahren, seit der studentischen Rebellion in der ganzen Welt, wird die Utopie von der Einheit der ganzen Menschheit geträumt. Man drückte diese Utopie damals in den Begriffen der Theorie von Karl Marx aus, man beschrieb sie sozialistisch als weltweit klassenlose Gesellschaft, in der alle Güter gerecht, nach den Bedürfnissen der Menschen verteilt werden. Karl Marx hatte sehr genaue Vorstellungen, wie die gegenwärtigen Verhältnisse in menschliche Verhältnisse überführt werden könnten. Deswegen sind diese Utopien »konkret«: sie beschreiben nicht nur ein Ziel, wo wir Menschen hinsollen oder hinwollen, sie beschreiben auch den Weg dahin.

Nur Utopien, die in dieser oder anderer Weise an unserer gegenwärtigen Welt, d.h. an unseren konkreten Sorgen, Nöten und Problemen anknüpfen und zeigen, wie sie zu beheben oder zu ertragen sind, besitzen einen Realitätsgehalt. (Über den Wahrheitsgehalt kann man dann immer noch streiten.) Alles andere sind bloße Träume über unsere Zukunft. Mal beflügeln solche Träume. Mal deprimieren sie. Mal vernebeln sie die klare Sicht. Kein Wunder, daß man es in den 60er Jahren mit Marx hielt, der Wege, nicht nur Ziele, zeigen konnte.

Jedoch: Ende der 60er Jahre begann die ökologische Debatte. Sie zeigte, daß die Marxschen Ideen über die Entwicklung der kapitalistischen Gesellschaft einen schwerwiegenden Defekt enthielten: Marx hatte die Natur nicht als Kostenfaktor in seine Analysen einbezogen. Wind, Wasser, Luft, Ertragsfähigkeit des Bodens waren als vorhanden und ausbeutbar vorausgesetzt worden. Unter ökologischen Gesichtspunkten war die Marx'sche Theorie zur Weltgestaltung und Weltveränderung nicht zu gebrauchen. Hieß das nun, daß man die Utopie von einer friedlich geeinten Menschheit an den Nagel hängen mußte? Daß sie sich als täuschender Traum enttarnt hatte, der einen wichtigen Aspekt der Wirklichkeit, nämlich die Natur, einfach übersehen hatte?

Für die Anhänger des neuen Bewußtseins, eben des New Age-Bewußtseins, hieß es das nicht. Sie fragten nicht mehr, wie Marx gefragt hatte, wer unter den Menschen, welche Klasse etwa die neue Welt herbeiführen könnte. Sie griffen nach den Sternen. Denn in der theosophischen Überlieferung fanden sie den Gedanken ausgesprochen, daß der Wandel der Zeitalter mit dem Wandel der Tierkreiszeichen verknüpft ist. Rund alle 24 000 Jahre wiederholen sich die Zeitalter des Tierkreises. Denn so lange braucht der Tierkreis, um einmal am Frühlingspunkt entlang zu wandern. 2000 Jahre dauert entsprechend ein Zeitalter. Da wir vom Jahr Null an das Fischezeitalter hatten, das hart und kriegerisch und männlich und christlich war, kommt jetzt das Wassermannzeitalter, das sanft und weiblich, naturnah und esoterisch sein wird.

Die Hoffnung der New Age-Anhänger ist offenbar noch immer dieselbe wie die der marxistischen Weltveränderer in den 60er Jahren. Doch nun – in postmodernen Zeiten –

kommt die Hoffnung in religiösem Gewand daher. Und nun müssen wir fragen: »Wie verhält sich diese Hoffnung zu unserer alltäglichen Lebenswirklichkeit, also etwa zu der nicht abreißenden Kette von Nachrichten über ökologische Katastrophen?« Man kann auch anders fragen: »Wie kommt diese Hoffnung auf die Füße, wie wird sie real?« New Age-Anhänger antworten auf solche Fragen: »Die Menschen, nicht die Verhältnisse – wie bei Marx – müssen sich ändern. Sie müssen sich so ändern, daß sie bei allem, was sie tun, stets den globalen Überlebenszusammenhang im Blick haben.« Und wie ändern sie sich so? Dadurch, daß sie auf dem Wege der Bewußtseinserweiterung das Ganze der Erde, der Menschen und der Natur in den Blick nehmen.

Fragt man nun, wie dieser Veränderungsprozeß vor sich geht, wie er von Mensch zu Mensch, von Dorf zu Dorf, von Stadt zu Stadt, von Land zu Land sich ausbreitet, so wird man von New Age-Theoretikern enttäuscht. Es gibt nämlich, entgegen einer weitverbreiteten Befürchtung, keine New Age-Missionsstrategie. Ohne Manifest, ohne Doktrin (Ferguson) will die New Age-Bewegung sein. Sie vertraut darauf, daß sich ihre Ideen in den Köpfen der Menschen von selbst durchsetzen, naturhaft, unwiderstehlich, so wie ein Herbststurm die Köpfe von Menschen durchlüftet.

Aber das ist bloß eine Vermutung, wenn man so will, ein bloßer Wunsch, daß Menschen sich in Zeiten ökologisch bedingter Knappheit für das Ganze interessieren und um des Ganzen willen etwa auf einen Spaziergang auf dem Feldberg verzichten. Nach aller geschichtlicher Erfahrung ist eher das Gegenteil zu vermuten. In Zeiten von Knappheit konkurrieren Menschen eher verstärkt um die Überlebensmöglichkeiten. New Age weiß also (vielleicht) ein Ziel. Aber es weiß den Weg nicht. Es ist politisch blind. Der Traum vom

Wassermannzeitalter wird bloß geträumt. Er wird nicht wahr. Und dann mag man fragen: warum wird er geträumt?

Dietrich Bonhoeffer hat für das Verhalten des Christen zu dieser Welt, zu diesen Menschen und zu diesen politischen Problemen ein ganz wichtiges, aber im Zeitalter der Utopien und Weltveränderungsträume ganz vergessenes Stichwort geprägt: Treue zur Welt. Mit diesem Stichwort ist er ganz tief in der evangelischen Tradition, die bis auf Luther zurückgeht, verwurzelt. Und diese Tradition besagt: Christen halten Menschen und Verhältnissen die Treue, seien diese auch noch so schwierig. Sie knüpfen immer an der *gegebenen* Realität an. Ganz gewiß, um sie zu ändern, um sie menschlicher zu machen. Also keine Flucht in das Wolkenkuckucksheim, in die Träume von mehr Menschlichkeit, in die großen Programme sozialer Gerechtigkeit, die so oft nur bloße Absichtserklärungen bleiben. Sondern konkretes Tun, hier und jetzt. Dann wird man die wirklichen Widerstände und Konflikte im Zusammenleben von Menschen erfahren.
Aber da gehören Christen hin. Denn Gott wurde Mensch. Und von dieser Treue zur Welt, die in Gottes Treue zur Welt begründet ist, müssen Christen zum Traum vom Wassermannzeitalter sagen: Da man nicht sagen kann, wie dieser Traum in die gesellschaftlichen Konflikte eingreift, ob er sie verwandelt oder nicht, besteht der Verdacht, daß dieser Traum eine reine Rückzugsstrategie darstellt, die es erlaubt, den gesellschaftlichen Konflikten zu entgehen – mit einer einwandfreien, öffentlich allgemein anerkannten Moral. Wer darf schon kritisiert werden, wenn er etwas für Umwelt und Natur tut? Und doch kündigen New Age-Lebensgemeinschaften in Wirklichkeit der Gesellschaft, der sie das

ökologischen Schuldbewußtsein überlassen, die Solidarität gerade auf.
Dieses ökologische Schuldbewußtsein ist nämlich eine Schulderfahrung von ganz neuer Dimension. Wir wissen, daß wir alle mit unserem Lebensstil schuldig werden aneinander, an kommenden Generationen, an der Menschheit und Schöpfung weltweit. Aber da wir von Sündenvergebung in der Öffentlichkeit nichts mehr wissen, suchen wir nach Sündenböcken, denen wir die Schuld überlassen (Bauern, Industrie usw.). Diese neue Art von Schulderfahrung löst einen gefährlichen gesellschaftlichen Entsolidarisierungsprozeß aus. Dieser Entsolidarisierungsprozeß wird nun durch Bewegungen wie die New Age-Bewegung noch beschleunigt und verstärkt, weil sie vorgeben, sie hätten die Überlebensprobleme gelöst, und weil sie sich deshalb weigern, ihren Anteil an der gesellschaftlichen Schuld der Schöpfung gegenüber zu übernehmen.
Der Welt die Treue halten, das hieße in dieser Situation, daß wir in unseren Schulderfahrungen zueinander stehen, daß wir als Kirche insbesondere zu denen stehen, die zu Sündenböcken gemacht werden. Können wir das? Wir müßten es eigentlich. Denn wir wissen ja etwas von Sündenvergebung. Oder wir haben zumindest einmal davon gewußt, ehe der Geist der Utopie auch in kirchlichen Amtsstuben sein trügerisches Versprechen verbreitete, es könne mit dem Menschen alles nur noch besser werden.

HANSJÖRG HEMMINGER

New Age und die Naturwissenschaft

Die bekanntesten Autoren des »New Age« benutzen neben religiösen und esoterischen vor allem naturwissenschaftliche Aussagen, um ihr Weltbild zu stützen. Eine Reihe von Physikern, Chemikern und Biologen, allen voran Fritjof Capra mit seinen Standardwerken »Das Tao der Physik« und »Wendezeit«, leiten die Grundgedanken des »New Age« aus naturwissenschaftlichen Erkenntnissen ab. Andere bekannte Autoren sind David Bohm und Rupert Sheldrake; der Nobelpreisträger Ilya Prigogine steht dieser Denkweise nahe. Ihr Ziel ist die Überwindung des zwischen Natur- und Geisteswissenschaften, zwischen Wissenschaft und Religion gespaltenen Denkens: Aus der Sicht dieser Autoren gibt es zwischen Glauben und Wissen keinen grundsätzlichen Unterschied mehr. »Ganzheitlichkeit« soll auch hier, im Verhältnis von Religion und Wissenschaft, wiedergewonnen werden, um die Probleme dieser Welt zu lösen.

In einem Interview sagte Capra, die Naturwissenschaft des Neuen Zeitalters müsse im Gegensatz zu der des Alten Zeitalters »holistisch, ökologisch und feministisch« sein. Nach ihm gibt es in der alten Wissenschaft nur einlinige Kausalerklärungen mechanistischer Art, komplexe Zusammenhänge werden nicht verstanden. Außerdem ist die alte Wissenschaft dem Maschinendenken verhaftet. Jedes Phänomen wird, so Capra, wie eine Maschine analytisch in Einzelteile zerlegt und anschließend zusammengesetzt. Dadurch gingen die höheren Systemeigenschaften grundsätzlich verloren und würden übersehen. Durch dieses Denken (nicht

etwa aus methodischen Gründen, wie es naheliegend wäre) werde in der alten Naturwissenschaft die spirituelle oder geistige Seite der Wirklichkeit nicht berücksichtigt.
Demgegenüber entwirft Capra das Bild eines vernetzten Systemdenkens, in dem Geist und Materie, Mensch und Natur sich in ein harmonisches Ganzes einfügen. Ansätze für dieses neue Denken gäbe es u.a. in der Evolutionstheorie, der Ökologie, der Kybernetik und Systemtheorie, besonders in der Theorie selbstorganisierender Systeme; und natürlich vor allem in der modernen Physik. Man müsse das sich dort abzeichnende neue Denken lediglich auf die Wissenschaft insgesamt übertragen, dann würden sowohl die Vereinheitlichung von Wissenschaft und Religion als auch die Lösung der Weltprobleme möglich.
Bei genauerem Hinsehen ergeben sich hier aber zwei kritische Fragen: Zum einen erzeugt die »neue« Wissenschaft – ebenso wie die alte – technische Macht, und wieso sollte die Menschheit diese Macht besser nutzen als früher? Es gibt die neuen Ansätze innerhalb der Naturwissenschaft, und zwar tatsächlich in der Systemtheorie, der modernen Physik, der Ökologie, der Thermodynamik usw. Alle diese Erklärungsansätze haben etwas mit dem Versuch zu tun, komplexe Systeme und statistische (nicht streng determinierte) Naturvorgänge ebenso wie unumkehrbare (irreversible) Prozesse für das wissenschaftliche Erklären zugänglich zu machen. Dies ist der Wissenschaft in einem erstaunlichen Ausmaß gelungen, und ihre Erklärungsmöglichkeiten wurden revolutioniert. Das Wissen wurde erheblich ausgedehnt, und damit wuchsen auch die technischen Möglichkeiten ungeheuer an. Man sollte nicht vergessen, daß Atombomben und Kernkraftwerke die unmittelbare Folge der modernen Quantenphysik darstellen. Sie sind Ergebnis des

neuen Denkens, des »Umsturzes im Weltbild der Physik«. Und die sogenannte dritte industrielle Revolution mit Hilfe der Mikroelektronik geht auf die Erfolge der mathematischen Systemtheorie und der Kybernetik zurück. Das systemische Denken hat uns also unter anderem die Computertechnik beschert. Offensichtlich sind diese neuen technischen Mittel ebenso wie die alten Mittel der Technik in der Hand des Menschen zweischneidig. Sie erweitern Lebensmöglichkeiten, aber sie schränken auch Lebensmöglichkeiten ein und bedrohen den Menschen ebenso, wie sie ihm helfen.

Das »neue Denken« allein schafft noch nicht den »neuen Menschen«, der mit dem Mitmenschen, der Natur und sich selbst richtig umgehen könnte. Diesen neuen Menschen erhofft sich das New Age von einer spirituellen Verwandlung des Bewußtseins, die Capra als unmittelbare Folge des wissenschaftlichen Umdenkens kommen sieht. Und hier stellt sich die zweite kritische Frage: Die New Age-Wissenschaftler setzen ihre Hoffnung nicht auf »die Religion« schlechthin, sondern auf einen ganz bestimmten Glauben, der sich mit ihrem Bild von der neuen Naturwissenschaft in Einklang bringen läßt. Dieser Glaube orientiert sich an östlichen Religionen sowie an der Esoterik. Er stellt die mystische Erfahrung, daß das eigene Ich sich in der Ganzheit des Kosmos auflöst, in den Mittelpunkt des Religiösen. So wie die östliche Mystik das Ich in das All aufzulösen sucht, so führt (aus dieser Sicht) die moderne Naturwissenschaft zur Einsicht des inneren Zusammenhangs aller Dinge. In dieser Analogie liegt die Möglichkeit, das mystische und das wissenschaftliche Denken zu verbinden.

Der christliche Glaube an einen persönlich erlebten Gott, an ein Gegenüber, läßt sich aber auf diese Weise mit der Naturwissenschaft nicht zusammendenken. Auch ein handelnder

Gott, der eine Geschichte mit den Menschen hat, paßt in diese Synthese nicht hinein. Von daher muß die Christenheit den Unterschied von Wissen und Glauben festhalten und kann ihn nicht zugunsten einer pantheistischen Mystik aufgeben. Trotzdem werfen die New Age-Wissenschaftler Fragen auf, die die Kirche angehen. Auch der christliche Glaube redet von der Ganzheit von Mensch, Welt und Gott – aber nicht aufgrund einer mystischen Einheitserfahrung, sondern aufgrund der Liebe zu dem Schöpfer, der »mich geschaffen hat samt allen Kreaturen«. Was das bedeutet, was es an Verantwortung für die Schöpfung mit sich bringt, aber auch was für Freude an der Natur dadurch freigesetzt wird, das gilt es neu zu entdecken. Ebenso gilt es – vor allem für die Theologie – neu zu entdecken, wie sehr die Naturwissenschaft einen Rahmen von Glaubensaussagen, von Wertsetzungen und ethischen Entscheidungen benötigt, wenn sie nicht selbst zum Glauben und dadurch zerstörerisch werden soll. Die Reste eines aufklärerischen Wissenschaftsglaubens müssen auch aus der Christenheit verschwinden, damit sie wieder imstande wird, die von der Wissenschaft entdeckten Naturgesetze (und vieles mehr) als freies, jederzeit aufhebbares Handeln Gottes zu begreifen.

Die Wissenschaftler des New Age hoffen auf die kommende spirituelle Bewußtseinswende durch eine neue Wissenschaft. Aus christlicher Sicht muß diese Hoffnung wohl vergeblich genannt werden – nicht aus Rechthaberei heraus, sondern um den Blick auf die viel größere Hoffnung nicht zu verstellen: auf das kommende und verborgen schon anwesende Gottesreich, das weder menschliches Wissen noch menschliche Spiritualität hervorbringen können, dem aber menschliche Wissenschaft und Spiritualität dienen können, wenn sie sich im Glauben Gott anvertrauen.

KLAUS BANNACH

New Age im Spiegel des Christentums

Die New Age-Bewegung hat die Christenheit, besonders die in Deutschland, ziemlich beunruhigt. Man kann das daran sehen, daß es überall in den Kirchen Veranstaltungen zum Thema New Age gibt. Überall: in den Akademien, an Wochenenden für Kirchengemeinderäte, in Jugendveranstaltungen usw. Und so vielfältig die Veranstaltungen sind, so vielfältig ist der Chor der Stimmen zu und die Urteile über New Age. Dazu kommt, daß die New Age-Bewegung einen immer größeren Einfluß auf die gesellschaftliche Öffentlichkeit zu erlangen scheint. Großveranstaltungen mit viel intellektueller Prominenz und den Groß-Gurus unserer Zeit lösen einander ab, gut beschirmt vom allerhöchsten Wohlwollen führender Politiker. Und wie so oft, können wir auch zu dieser »postmodernen« Realität unseren Standort nicht finden in der Kirche Jesu Christi. Ich will deshalb versuchen, die innerkirchlichen Positionen zu New Age zu beschreiben und zu klassifizieren, wohl wissend, daß man damit Gefahr läuft, Einzelpositionen Unrecht zu tun. Aber mir scheint, das muß man um der Orientierung willen für dieses Mal in Kauf nehmen.

1983 erschien in den Vereinigten Staaten von Constance Cumbey das Buch »Die sanfte Verführung – Hintergrund und Gefahren der New Age-Bewegung«. Dieses Buch hat die evangelikale und bisweilen auch charismatische Wahrnehmung von New Age in unserer Kirche tief geprägt. Constance Cumbey schildert in ihrem Buch die New Age-Bewegung als eine Art Verschwörung gegen die Christenheit;

mit okkulten Traditionen und okkulten Methoden wird sie in einen endzeitlichen Überlebenskampf verwickelt. Nicht »Christus oder Rom« heißt diesmal die Alternative, sondern »Christus oder Maitreya«. Und die Dramaturgie dieses Kampfes gegen die okkulte Verschwörung ist wieder einmal dem letzten Buch der Bibel, der Offenbarung des Johannes, entnommen.

Man kann fast auf jeder Seite dieses Buches Mißverständnisse, Fehlinterpretationen und Übertreibungen entdecken. Doch mögen zwei Hinweise zu Demonstrationszwecken genügen. Constance Cumbey liest ihre Verschwörungstheorie natürlich unter anderem auch aus M. Fergusons »Die sanfte Verschwörung« heraus. Da ist gleich zu Beginn von mystischen Erfahrungen im neuen Zeitalter die Rede, die alle alten Religionen hinter sich lassen. Kein Kampf gegen das Christentum, nicht einmal ein sanfter. Die Sache ist viel schlimmer. Man muß sich um das Christentum nicht mehr kümmern, es hat nichts mehr zu sagen, es geht mit dem Fischezeitalter vorüber. Es ist kein Gegner mehr. Man muß es nicht mehr berücksichtigen. So über das Christentum zu urteilen ist gute okkulte Tradition (sieht man einmal von R. Steiner ab). C. Cumbey erwähnt H.P. Blavatskys Vorliebe für die indischen Religionen. Und sie sieht auch darin eine feindselige Haltung gegen das Christentum ausgedrückt. Doch H.P. Blavatsky hat ihre Theosophische Gesellschaft zunächst nur mit dem Ziel begründet, in Europa ein besseres Verständnis der indischen Religionen zu bewirken. Aber mein eigentlicher Einwand gegen die Theorie der okkulten Verschwörung ist ein theologischer.

Die Offenbarung des Johannes ist nämlich kein endzeitliches Kampfbuch. Sie ist ein apokalyptisches Trostbuch. Das besagt: Man kann ihr nicht das Drama des Endkampfes entnehmen oder gar die Spielregeln dieses Endkampfes. Aber man kann ihr entnehmen, daß es für Christen Bewährungszeiten gibt, in denen sie erfahren, daß sich Gottes Wort an ihnen bewährt, daß nicht sie es sind, die Gottes Wort bewähren müssen, sondern daß es genau umgekehrt ist. »Himmel und Erde werden vergehen«, sagt Jesus, »aber meine Worte werden nicht vergehen.« Daß es so ist, wird gerade in Bewährungszeiten deutlich. Wir dürfen also nicht so tun, als hätten wir die Wahrheit des Wortes Gottes unter Beweis zu stellen. Das tut es schon selbst und verläßlicher, als wir es je könnten.

Gegen eine okkulte Verschwörung brauchten wir, wenn sie es gäbe, nicht zu kämpfen. Sie verdiente allenfalls ein Lächeln mit einem Schuß Ironie. Mit Ernst und mit Leidenschaft sollten wir uns wieder dem Worte Gottes zuwenden.

Sozusagen das genaue Gegenteil davon ist der Versuch, den christlichen Glauben mit Vorstellungen oder Bildern von New Age zu identifizieren, aber theologisch an derselben Stelle problematisch wie der Kampf gegen die okkulte Verschwörung. An die Stelle der Sorge um die Klarheit und die Wahrheit des Wortes Gottes tritt hier die Sorge um die Zukunft (Gottes und) der Menschheit. Unbestreitbar nämlich ist, daß es den New Age-Anhängern um die Zukunft der Menschheit geht. Ja, die Forderung nach der großen Transformation – Umkehr würden Christen sagen – wird sehr oft mit den gegenwärtigen Krisenerfahrungen der Menschheit begründet. Und ist nicht auch für Christen längst die Zukunft der Menschheit ein, nein *das* Thema? Entsprechend naheliegend ist es, die biblische Rede vom Reich Gottes, das im Anbrechen ist, und New Age, das Wassermannzeitalter, das ebenfalls im Anbrechen ist, zu identifizieren und so die ganze New Age-Spiritualität und die New Age-Verheißun-

gen in das etwas morsch gewordene Haus des Christentums zu holen.
Wiederum auch hier zunächst sachlich: das okkulte Weltbild, das im New Age stets vorausgesetzt wird, geht von der Periodizität der Weltzeitalter aus: auf ein New Age folgt ein neues New Age. Auch das Fischezeitalter war einmal New Age, so wie jetzt das Wassermannzeitalter New Age ist. Und zudem wird sich das ganze in 24 000 Jahren wiederholen. Die Bibel hingegen setzt einen linearen Zeitverlauf voraus. Wenn Gott etwas neu macht, dann veraltet es nicht mehr, die neue Kreatur in Christus bleibt neu bis an ihr Lebensende. Und so bleibt erst recht das Reich Gottes, wenn es anbricht, neu, es bleibt »ewig«. Eine Gleichsetzung von New Age in diesem Punkt würde dem christlichen Glauben einen ganz wichtigen Teil seines Wirklichkeitsverständnisses entziehen. Jesu Verkündigung »das Reich Gottes ist nahe herbeigekommen« wäre hinfällig. Aber ist die Sorge um die Zukunft der Menschheit wirklich unsere Sorge?
Gerade in den apokalyptischen Texten des Neuen Testaments wird uns diese Sorge verboten. Nicht fragen sollen wir, wann der Herr wiederkommt. Wachsam sein sollen wir. Er kommt ohnehin wie ein Dieb in der Nacht. Und ebensowenig steht uns die Sorge um die Verläßlichkeit von Gottes Wort gut zu Gesicht. Er ist treu. Dies zu wissen, genügt gegen alle geistliche Desorientierung.
Gibt es einen Weg hindurch durch die bloße Abwehr von neuen Ideen und die eilfertige Anpassung an sie? Es gibt einen, aber er ist mühsam, nicht leicht zu finden. Man hat früher gemeint, alles, was neu ist auf dem Feld des Geistes, der Religion und der Wissenschaft, sei grundsätzlich positiv zu bewerten und könne für den Menschen nur heilsam sein. Besonders im Protestantismus war man deshalb Neuem

gegenüber immer besonders aufgeschlossen, was man aus heutiger Sicht den protestantischen Opportunismus nennen könnte. Wir haben mit diesem Opportunismus in der Zeit Hitlers und des Dritten Reiches sehr schlechte Erfahrungen gemacht. Und heute wissen wir, daß die Meinung »alles, was neu ist, ist gut« ein Kind des Fortschrittsglaubens ist. Neue Ideen, neue Erkenntnisse, neue Verhaltensweisen waren Herolde des Fortschritts. Und Fortschritt war immer ein Schritt in mehr Freiheit, in mehr Möglichkeiten, in eine bessere Zukunft für den Menschen. Darüber denken wir heute anders. Wir wissen nicht mehr, ob der Fortschritt ein Fortschritt ist. Wir wissen nicht mehr, wohin die Fortschritte der Menschheit führen. Und deshalb kann alles Neue nicht mehr unbesehen durchgehen. Deswegen muß alles Neue sorgfältig geprüft werden. Ein intensives Gespräch muß entstehen. In unserem Fall ein Gespräch zwischen dem christlichen Glauben in seiner reformatorischen Gestalt und New Age. Dabei kann es durchaus sein, daß wir Christen auf Fragestellungen aufmerksam gemacht werden, die wir vergessen haben, auf Probleme, für die wir bisher blind gewesen sind. Im Augenblick aber sieht es viel eher so aus, als müßten wir aus unserem Glauben heraus einer immer weiter um sich greifenden religiösen Überhöhung des Menschen und seiner Welt widersprechen.

LITERATURHINWEISE

Joachim Friedrich Grün, Die Fische und der Wassermann. Hoffnung zwischen Kirche und New Age, München 1988.

Erwin Haberer, Herausforderung New Age. Zur christlichen Auseinandersetzung mit neuem Denken, München 1989.

Hansjörg Hemminger (Hrsg.), Die Rückkehr der Zauberer. New Age – Eine Kritik, Reinbek bei Hamburg 1987/1990.

Medard Kehl, New Age oder neuer Bund? Christen im Gespräch mit Wendezeit, Esoterik und Okkultismus, Mainz 1988.

New Age – aus christlicher Sicht. Weltanschauungen im Gespräch, Bd. 1, Zürich 1987.

Hans-Jürgen Ruppert, New Age – Endzeit oder Wendezeit? Wiesbaden 1985.

Hans-Jürgen Ruppert, Durchbruch zur Innenwelt. Spirituelle Impulse aus New Age und Esoterik in kritischer Beleuchtung, Stuttgart 1988.

Walter Schmidt u.a., New Age. Die Macht von morgen, Neuhausen-Stuttgart 1988.

WALTER SCHMIDT

Esoterik

Esoterisches und esoterische Spiritualität erfreuen sich im Zusammenhang des »Neuen Bewußtseins« eines »Neuen Zeitalters« seit Jahren wachsenden Interesses. Esoterik will dabei auf die verborgene, dem äußeren Auge entzogene Dimension der einen Wirklichkeit hindeuten. Sie legt das Gewicht nicht auf das Vordergründige und die Außenseite (griechisch: *exo*) einer Erscheinung oder eines Geschehnisses, sondern vielmehr auf die Innenseite (griechisch: *eso*), den Wesenskern, die Sinnmitte.

Im Sinne einer solchen »Wende nach innen« ist die Esoterik die wichtigste Konfession der mannigfachen »Okkultbewegungen«. Der »esoterischen Konfession« gehören eine Unzahl von Weltanschauungsgruppen im Bereich von »Grenzwissenschaften« und »Geheimlehren«, Zirkeln, Zentren und Logen an, die jeweils ihre eigenen »arkanen« und »hermetischen« Speziallehren und speziellen »Meister« haben. Esoterische Religiosität gehört zum Bereich einer vagabundierenden, frei flottierenden, institutionell nur schwer greifbaren, mitunter ausgesprochen antiinstitutionell auftretenden Religiosität.

Manche Formen der »Esoterik« reichen historisch weit zurück. Neben einer gegenwärtigen »Gebrauchsesoterik« trifft man aber zunehmend auch auf eine alte »Glaubens- und Systemesoterik«: in sich geschlossene weltanschauliche Systeme, die heute wieder enormes Interesse wecken. Alle modernen Esoteriker jedoch wurden entscheidend beeinflußt durch die »Theosophie«.

Im Jahr 1875 gründete die Russin Helena Petrovna Blavatsky (1834-1891) in New York die Theosophische Gesellschaft, die kurze Zeit später bereits ihren Hauptsitz nach Madras in Südindien verlegte. Damit signalisierte sie ihre Hinwendung zu östlichem Gedankengut.
Die Quellen der Theosophie sind größtenteils alt und stammen aus dem spätantiken Synkretismus, aus mystischen und alchemistischen Traditionen des Mittelalters sowie aus Hinduismus und Buddhismus. Die Grundzüge der Theosophie gelten als von »aufgefahrenen Meistern« vermittelt. Hinter dieser »Großen Weißen Bruderschaft« steht die Annahme von aufgestiegenen Meistern oder Mahatmas – von Meistern also, die nicht mehr inkarnieren müssen, da sie kein Karma (»Tatenfolge«) mehr abzubauen haben und sich bereits auf einer höheren geistigen Stufe befinden. Diese werden nun freiwillig zu »Helfern der Menschheit«.
Die Theosophische Gesellschaft will dazu dienen, den Wahrheitskern und das Gemeinsame in allen Religionen der Welt zu ergründen, alle bisher noch nicht entdeckten Naturgesetze zu erforschen, sowie die okkulten und magischen Kräfte des Menschen endlich nutzbar zu machen. Das Ziel ist, auf diese Weise eine neue Weltreligion zu schaffen, die ganz auf dem verborgenen Urwissen der Menschen begründet ist.
Die Theosophie behauptet von sich, »Wesen und Kern, Frucht und Ziel aller Religionen zu sein«. Des weiteren beansprucht sie, eine Synthese aller Konfessionen, Religionen und Weltanschauungen bieten zu können. Insbesondere will sie den garstigen Graben zwischen dem geschichtlichlinearen Denken des von der jüdisch-christlichen Tradition beeinflußten Okzident und dem in den östlichen Religionen beheimateten zyklischen Denken der Wiederkehr im Orient

überwinden. Mit größtem Nachdruck besteht sie darauf, endlich eine »Erkenntnis« (Gnosis) darzustellen und anbieten zu können, die überkonfessionell und undogmatisch, integrativ und holistisch (ganzheitlich) ist.
Nach Meinung der Esoterik sind also in allen Religionen Aspekte der Wahrheit vorhanden. Wesentliche Teile dieser Wahrheit sind uralten östlichen Überlieferungen entnommen worden. Besonders der buddhistische Gedankenraum ist Wurzel und Idee aller Religionen, die durch die Theosophie von ihren exoterischen Hüllen befreit werden sollen. Die Bibel sowie die christliche Religion werden diesem theosophischen Synkretismus (Religions-Vermischung) selbstverständlich mehr oder weniger einverleibt. Dabei bedient sich die Theosophie nicht nur gnostischen, sondern auch parapsychologischen, spiritistischen und okkulten Gedankenguts. Jesus Christus erscheint deshalb in diesem System der Gottes- und Weltenschau lediglich als ein großer Eingeweihter neben anderen Gestalten der Religionsgeschichte.
Die wichtigsten unterirdischen Verbindungslinien zwischen Christentum und Esoterik liegen vor allem in der mystischen Tradition. Es ist deshalb kein Zufall, daß sich Esoteriker immer wieder auf die Mystik berufen. Dabei zeigt sich sogleich der fundamentale Unterschied zwischen der christlichen Mystik und der heutigen Esoterik. Während sich die christlichen Mystiker ihrer stammelnden Gottesrede bewußt blieben und daraus nie ein dogmatisches System zu entwickeln versuchten, stehen viele Esoteriker in der Versuchung, Mystik in Dogmatik überführen zu wollen. Dies zeigt nicht zuletzt die in der gegenwärtigen Esoterik recht dogmatische Behauptung der Seelenwanderungs- und Reinkarnationslehre. Mystik ist dann von Ideologie kaum mehr zu unterscheiden, und es legt sich der Eindruck nahe, daß es

sich bei dieser Esoterik nicht um eine »sanfte Verschwörung« (Konspiration) *für* einen »neuen Geist« eines synthetischen und universalen Friedens, sondern um eine recht harte Konspiration *gegen* das historische Christentum und die konkrete Kirche handelt.

Worin bestehen nun die Grundanliegen und Gemeinsamkeiten aller esoterischen Kultbewegungen? In Gegenposition zum Säkularismus suchen esoterische, okkulte Bewegungen nicht nur die »neue Wirklichkeit«, sie bieten sie auch an. Mag diese Transzendenz meditativer, spiritistischer, astrosophischer, ufologischer, theosophischer oder anthroposophischer Natur sein: Dem in Materialismus, Monadendasein, Existenzangst, Todesfurcht und Perspektivlosigkeit gefangenen Menschen unserer Zeit und Wirklichkeit soll die neue, andere, größere Wirklichkeit wieder übersinnlich-transzendente Horizonte öffnen, in denen der Mensch transpersonale Freiheit findet, sich geborgen fühlen kann, die Frage nach dem Sinn des Lebens und des Todes beantwortet bekommt und sich selbst durch eigene Kraft vervollkommnen kann.

Für den Esoteriker ist also die materielle Welt von höheren Wirklichkeiten oder Sphären überlagert, etwa der ätherischen, seelisch-astralen, reingeistigen Sphäre. Diese Sphären sind mit allerlei Mächten bevölkert: Mit Logoi, »großen Geistern«, »aufgestiegenen Meistern«, der »Weißen Bruderschaft«, der »Hellen Hierarchie«; durch Mahatmas, Avatare oder Eingeweihte (Initiierte) vermitteln sie ihre Kundgaben an die Erdenwelt. Die Wesenseigenschaften der verschiedenen Sphären sind auch im Menschen vertreten. Der physische Leib ist nur ein äußerer und vergänglicher Behälter des eigentlichen Menschenwesens. Über dessen Zusammensetzung gehen die Auffassungen auseinander; sie rei-

chen von der Gliederung in tierische Seele, siderischen Geist und Gottesfunken bis zur siebenfachen Aufteilung bei Theosophen und Antroposophen.
Als Bindeglied zwischen Leib und Seele gilt der Ätherleib, auch Odkraft oder Fluidalkörper genannt. Er ist der Träger des Ich, des Gedächtnisses und aller Charaktereigenschaften und nährt sich mit Stoffen aus der Ätherebene. Die anderen Geistschichten des Menschen haben je ihren eigenen Leib. Sein Erdendasein soll von ihm dazu benutzt werden, die höheren Schichten zu wecken und auszubilden. Dazu helfen ihm (höhere) Erkenntnis, Meditation, Yoga oder auch die zur Öffnung der 49 feinstofflichen Chakras (»Kraftpunkte«) nötige »psychische Energie«. Das Karma bestimmt seinen Weg durch die Inkarnationen; er endet, wenn die höchste Sphäre des Göttlichen erreicht ist.
Genau diesem Ziel will heute auch die außerordentlich weit verbreitete und außergewöhnlich vielschichtige Strömung des »New Age« dienen, die eine Art »Rechtfertigungs- und Auswahl-Esoterik« vertritt. Die Vertreter dieser Bewegung übernehmen zwar nur einen Teil von einem esoterischen Weltanschauungssystem und interessieren sich daneben auch für eine exoterische (»äußere«) Rechtfertigung ihrer Überzeugungen und Erleuchtungswege durch Aussagen der allgemein anerkannten Wissenschaften (Physik, Biologie, Psychologie), Philosophien und Religionen.
Die Anhänger des »New Age« verbinden indes alternative und esoterische Anliegen mit verschiedenen Idealen und Praktiken der Human-Potential-Bewegung, der ökologischen, der feministischen Bewegung, des spiritistischen Jenseitskontaktes, östlicher Meditationsschulen, der Theosophie, mystisch-magischer Indianer- und Schamanenspiritualität, christlicher Mystik und humanistischer Ethik. Ge-

meinsam ist ihnen die Zuversicht, daß die Menschheit jetzt die unwiederbringliche Chance habe, in ein »Neues Zeitalter« (New Age) einzutreten, in dem breite Kreise eine »Transformation« des Bewußtseins zu mehr Erleuchtung, Intuition und Harmonie erfahren, der auch ein gesellschaftlicher Wertewandel folgen werde.

New Age ist also die derzeit sichtbarste und wirksamste Außenseite von Esoterik.

LITERATURHINWEISE

Elmar R. Gruber, Sanfte Verschwörung oder sanfte Verblödung? Kontroversen um New Age, Freiburg 1989.

Hans-Dieter Leuenberger, Sieben Säulen der Esoterik. Grundwissen für Suchende, Freiburg 1989.

Peter Orban, Verborgene Wirklichkeit. Eine Einführung in das esoterische Denken, München 1990.

Hans-Jürgen Ruppert, Durchbruch zur Innenwelt. Spirituelle Impulse aus New Age und Esoterik in kritischer Beleuchtung, Stuttgart 1988.

Josef Sudbrack, Mystik. Selbsterfahrung – Kosmische Erfahrung – Gotteserfahrung, Mainz/Stuttgart 1988.

Hans-Peter Waldrich, Esoterik für Einsteiger. Ein Wegweiser durch westliche und östliche Traditionen, München 1990.

Gerhard Wehr, Wörterbuch der Esoterik. Zugänge zum spirituellen Wissen von A-Z, Freiburg 1989.

Jörg Wichmann, Die Renaissance der Esoterik. Eine kritische Orientierung, Stuttgart 1990.

WALTER SCHMIDT

Spiritismus

Spiritistische Praktiken sind heute keine Seltenheit mehr. Nachdem das – bislang hermetisch abgeschlossene (geheim-okkulte) – »Hinterhaus unserer Kultur« neuerdings jedem Neugierigen offensteht, haben selbst 11- bis 13jährige und vor allem 14- bis 17jährige neue, aufregende »Abenteuer-Spiele« entdeckt: Sie befragen Tote und zitieren Geister, sie rücken Gläser und Tische, sie pendeln und praktizieren Rutengehen. Die häufigste Praktik dieses »Kinder- und Jugendspiritismus«, aber auch des »gewöhnlichen Volks-« oder »Familien-Spiritismus« ist die Séance, bei der die um einen (runden) Tisch sitzenden Teilnehmer mit gespreizten Fingern und gekreuzten Beinen eine »Kette« bilden. Die »Botschaften« des angerufenen »Geistes« werden normalerweise mit Hilfe eines auf der Tischplatte umgestülpten Wasserglases vermittelt, das sich durch ständigen Fingerkontakt einiger Anwesender zwischen ausgelegten Buchstabenkärtchen hin- und herbewegt. Bisweilen wird auch ein für das »automatische Schreiben« präpariertes Ouija-Brett benutzt oder ein Tonband, das die Botschaft aus dem Jenseits direkt aufzeichnen soll (Konzeptophonie).

Bei spiritistischen Sitzungen sprechen verstorbene Angehörige oder hohe, jenseitige Geister zu den Erdenmenschen vermittels eines Mediums. Sie geben Auskunft über das Schicksal der Teilnehmer der Séance oder über die Jenseitswelt. Sie beraten und trösten, sie informieren über die mit dem Tod verbundenen Vorgänge. Geisterärzte (Geistchirurgen) oder Heilungsführer (Geistheiler) stellen mittels medialer Mitmenschen Diagnosen oder lassen heilende Kräfte in Kranke einströmen. Sie nehmen teils unblutige, teils drastische Operationen vor und sind, wie es heißt, auch zu Fernheilungen fähig. Verstorbene Dichter und Komponisten übermitteln auf medialem Weg weitere Werke, andere diktieren Artikel oder schaffen mediale Bilder. Wir unterscheiden Sprechmedien, automatische Praktiken und Kontakte mittels mechanischer Vorrichtungen.

Aber solcherlei »Phänomene« sind lediglich Nebenerscheinungen, die nicht den gesamten Inhalt des Spiritismus ausmachen. Der Spiritismus umfaßt vielmehr die Gesamtheit der Erscheinungen, Lehren und Handlungen, die sich aus dem »Verkehr« (oder allgemein einer »Verbindung«) zwischen den Lebenden und den Toten ergeben. Nach der Lehre des Spiritismus überlebt nämlich der »unsterbliche Teil«, der »Geist« (*spirit*), den leiblichen Tod des Menschen und kann sich unter bestimmten Bedingungen den Lebenden durch verschiedene Mittel (Medien) und (mediale) Fähigkeiten mitteilen und physikalische Veränderungen hervorrufen.

Der Spiritismus behauptet also die Wirklichkeit einer feinstofflichen (astralen) Welt, die die grobstoffliche irdische Welt in ihren Dimensionen, Qualitäten und Möglichkeiten weit übertrifft. Der Mensch besitzt demnach außer seinem materiellen auch einen unsichtbaren Astralleib. Nach dem Tode gehen Seele und Astralleib des Menschen in die feinstoffliche Welt ein und werden dort auf die Stufe, die ihrem geistig-moralischen Entwicklungszustand entspricht, versetzt.

Der Mensch – oder die Seele, die im Astralleib mit astralen Sinnesorganen versehen ist – empfindet die »neue Wirklichkeit« genau so real (mit Menschen, Tieren, Landschaften und Gebäuden) wie seine irdische Wirklichkeit es war. Aber die neue Wirklichkeit bietet mehr und ist unendlich: Die Seele hat die Aufgabe und Möglichkeit, sich innerhalb der Überwelt weiter zu entwickeln und über viele Stufen der Erkenntnisse und Wahrheiten immer höher zu kommen – bis zum Ziel der Ausübung kosmischer Ämter sowie der Selbstvervollkommnung und Selbstvollendung.

Zwischen den Astralseelen und den irdischen Menschen ist eine Kommunikation möglich; durch Medien in Trance, bei denen das Oberbewußtsein gelöscht ist, können die Geister der niedereren Ebenen der Astralwelt (die also unserer irdischen Welt am nächsten liegt) zu Wort kommen. Aber keine Astralseele kann mehr sagen, als sie in ihrem irdischen Leben wirklich wußte, denn die Höherentwicklung im Jenseits hat noch nicht stattgefunden. Nur in seltenen Fällen offenbaren sich »hohe Geister«. »Tischrücken«, »mediales Schreiben und Lesen« sowie »Spuk« sind Erscheinungen eines solchen »Astralleibes«.

Insofern der Spiritismus die Überzeugung vertritt, daß es Fortleben des Menschen über den Tod hinaus gibt und daß es möglich sei, mit den Verstorbenen in Verbindung und Umgang zu treten, ist er so alt wie das Menschengeschlecht selbst. Der moderne Spiritismus begann 1848 in der Familie des Farmers John Fox in Hydesville bei New York. Ein Nachbar der Familie Fox kam auf die Idee, die im Hause Fox hörbaren Klopfzeichen als Alphabet zu deuten. Hierdurch gelang es ihm festzustellen, daß sich ein Verstorbener namens Charles Ryan meldete, der angab, Kaufmann gewesen und in dem betreffenden Hause ermordet worden zu sein; seine Überreste sollen im Keller vergraben sein. Als man nachgrub, fand man an der bezeichneten Stelle Haare und Unterkiefer.

Neben den Klopfgeistern von Hydesville gehören der deutsche Arzt Franz Anton Mesmer, der die Lehre vom animalischen Magnetismus begründete, und der Franzose Allan Cardec, der sich für die Wiedergeburt eines keltischen Druiden hielt, zu den Begründern des Spiritismus. Schwerpunkte des Spiritismus sind heute Nordamerika, England, Island und vor allem Brasilien, wo der Macumba-Kult sowie der Umbandismus auf dem besten Wege sind, Volksreligion zu werden. Aber auch in Vietnam und Japan entwickelten sich spiritistische Religionen.
Seit 1848 hat sich der Spiritismus in Gestalt sowohl des »religiös-weltanschaulich« geprägten Spiritismus mit seinen »Spiritisten-Sekten« als auch des »Offenbarungs-Spiritismus« mit einer Reihe spiritistisch-spiritualistischer Gemeinschaften mit schätzungsweise 100 Millionen »Gläubigen« in der ganzen Welt verbreitet; allein in England existieren ca. 500 organisierte Glaubensgemeinschaften. Im Gegensatz zum angelsächsischen Spiritismus integriert der romanische Spiritismus meist noch den Gedanken der Reinkarnation (Wiederverkörperung/Seelenwanderung). Im Laufe der Zeit entstanden jedenfalls unzählige spiritistische Zirkel, Forschungsgemeinschaften, Gemeinden, überregionale Vereinigungen sowie »Kirchen« und »Sekten« – alles Zweige der verschiedenen »Okkultbewegungen Spiritismus« mit genauer Geographie und Beschreibung der Überwelt.
Während der Spiritismus ideengeschichtlich ein Bestandteil der modernen Theosophie ist, wurde er im Bereich der Parapsychologie zu einem wesentlichen Forschungsgebiet. Bei der Erklärung und Deutung von para-normalen Vorgängen und Phänomenen stehen sich dabei die spiritistische und animistische Sicht, eine Erklärungsmöglichkeit in der Höhe

und eine in der Tiefe, gegenüber. Was die Spiritisten als »unmittelbare Sprache der Verstorbenen und Geister« deuten, ist für die Animisten die »bisher unerklärliche Fähigkeit lebender Menschen«: die inner-psychische »magische Macht des Mediums«. In der kollektiv oder objektiv unter- und unbewußten Tiefe der menschlichen Seele (*anima*) liegen Kräfte verborgen, die in fantastischen und beängstigten Erscheinungen ans Tageslicht kommen. Spukphänomene werden beispielsweise damit erklärt, daß die Zerrissenheit der menschlichen Seele bewirke, daß abgetrennte Seelenteile ein wildes Sonderleben führen sowie Lärm und Unruhe um sich verbreiten.
Der Animist leugnet also grundsätzlich die Möglichkeit des Einwirkens jenseitiger Kräfte in unser Diesseits. Die animistische Deutung ist rein immanent. Im Gegensatz dazu sind die Spiritisten der Überzeugung, daß die Abgeschiedenen herangeholt werden, um Mitteilungen von ihrem jenseitigen Ergehen zu machen, daß sie die Lebenden beraten und die Oberflächlichen heilsam erschüttern. Die spiritistische Deutung ist also transzendent bzw. transzendenzoffen. Der Spiritismus heute scheint für die parapsychologische Forschung letztlich die moderne Variante der uralten animistischen Weltanschauung mit ihrer magischen Dämonologie der guten und bösen Geister zu sein, welche durch »weiße« oder »schwarze« Magie zur Hilfe oder zum Unglück der Lebenden herbeizitiert werden können.
Für den christlichen Glauben sind Spiritismus wie spiritistische Praktiken unannehmbar, die Gegensätze zwischen biblischer Verkündigung und spiritistischen Vorstellungen unüberbrückbar. Auch wenn das spiritistische Weltbild offenbar eine ungeheure Anziehungskraft besitzt: Der Trost und das Wissen der Jenseitigen, die Hilfe durch Geistheiler,

die Gewißheit der Seelenführung, die göttliche Geborgenheit, die Zugehörigkeit zur kosmischen Elite – all das will das »Rendezvous mit dem Jenseits« vermitteln. Der selbstmächtige Aufstieg durch Selbstverbesserung macht aber letztlich die Heilstat durch Christus entbehrlich, die Gnade Gottes unnötig und die biblische Enderwartung und christliche Ewigkeitshoffnung obsolet. Spiritistischer Jenseitsglaube und christliche Jenseitshoffnung sind »himmelweit« voneinander entfernt. Das Jenseits der Spiritisten ist eine nahtlose Verlängerung des Diesseits, ein Super-Diesseits, begründet in der »Biologie der unsterblichen Geister« und beruhend auf einem heilsegoistischen »pädagogischen Evolutionismus«. Ewiges Leben hingegen ist ein grundloses Gnadengeschenk Gottes, begründet einzig und allein in seiner allumfassenden Barmherzigkeit, deren sichtbarer Ausdruck der gekreuzigte und auferstandene Christus ist – Herr der Welt, hier wie dort.

LITERATURHINWEISE

Georg Bienemann, Pendel, Tisch & Totenstimmen. Spiritismus und christlicher Glaube. Ein Ratgeber, Freiburg 1988.

Alphons van Dijk: Erziehung zum Geisterglauben? Geistige Erziehung oder Erziehung zu den Geistern, Hamm 1988.

Wilhelm Horkel, Spiritismus. Geheimnisse des Jenseits, Stuttgart 1987.

Wolfram Janzen, Okkultismus. Erscheinungen – übersinnliche Kräfte – Spiritismus, Mainz/Stuttgart 1988.

Joachim Müller/Johannes Mischo/Carl A. Keller/Guido Vergaueren/ Bernhard Wenisch, Kontakte mit dem Jenseits? Spiritismus aus christlicher Sicht, Freiburg/Zürich 1989.

Andreas Resch (Hrsg.), Fortleben nach dem Tode, Innsbruck 1980.

Ferdinand Zahlner, Paraphänomene und christlicher Glaube, Innsbruck 1988.

WALTER SCHMIDT

Okkultismus

Auch wenn es nicht wenige Fälle von Fluktuationen gibt, wird es gut und hilfreich sein, von Anfang an zwischen esoterischen »Okkultbewegungen« und empirischem »Okkultismus« zu unterscheiden. »Okkultbewegungen« sind der Überzeugung, daß die menschlichen Augen zugängliche Welt nicht die einzige und ganze Wirklichkeit darstellt. Die eigentliche Gesamtwirklichkeit liege hinter der »grobstofflichen Welt«. Sie sei von einer größeren, den normalen Sinnesorganen »verborgenen« und dem Zugriff der Wissenschaft »entzogenen«, aber doch sehr realen »Überwelt« umschlossen. Zu dieser »höheren Welt« könne ein »geheimer« Zugang gesucht und gefunden werden. Eingang, Einblick und Einsicht in die »andere Welt« dieser »überweltlichen« Wirklichkeit wären in der Lage, den Menschen durch »übersinnliche Erkenntnis« zu »befreien« und zu »erlösen«.
Methoden und Hilfen für diesen irrationalen Durchstoß des verblendeten Menschen in die erfahrbare Transzendenz einer »feinstofflich astralen Welt« bieten nun derzeit eine Fülle von Gruppen, Organisationen und Personen an, ohne eine ausgebaute »Geographie« der übersinnlichen Welt vorlegen zu können oder zu wollen. Erfahrung und Beschreibung der »anderen Wirklichkeit« sind deshalb sehr subjektiv. Gleichwohl begnügen sie sich nicht mit einem bloßen Glauben an die unsichtbare Welt, sondern nehmen selbst transgressive Forschungsreisen vor und stützen sich auf die »paranormalen« Kundgaben und Erfahrungsberichte von Medien, Kontaktlern und Adepten.

Daneben stehen die »Okkultbewegungen« im engeren Sinne, die als hermetische oder arkane »Weltanschauungsgemeinschaften« diese höhere Welt topographisch erforschen und erfassen, sowie in einer genauen Geographie der geistigen Welt systematisch beschreiben: die »Geheimwissenschaften«. Zu den vier klassischen »Okkultkonfessionen« zählt neben dem Spiritismus, der Ufologie und den esoterisch-neugnostischen Weltanschauungen (Theosophie, Anthroposophie, Rosenkreuzer u.a.) auch die Astrologie.
Der Okkultismus will erklärtermaßen ebenfalls praktisch und theoretisch in irgendwelche irrationalen und »übernatürlichen« Bereiche eindringen, um Erkenntnisse und spezifische Verfahren zu vermitteln, die über das »normale« Sinnesvermögen des Menschen hinausgehen, bleibt dabei aber nicht frei von Aberglauben. Der Spiritismus, der ausschließlich zum Ziel hat, Verkehr mit verstorbenen Verwandten herzustellen, um sie auszufragen, gehört gleichfalls zum Okkultismus und steht deshalb stets in der Gefahr, in Schwindel und Betrügerei abzugleiten. Die Anhänger der verschiedenen »Okkultbewegungen Spiritismus« legen deshalb großen Wert darauf, nicht mit diesen »okkultistischen Spiritisten« identifiziert zu werden. Sie lehnen deren plumpe Praktiken der Geisterbeschwörung radikal ab und nennen sich deshalb selbst gerne »Spiritualisten« (»Neuoffenbarer«). Die Botschaften, die sie empfangen, sollen von »hohen Lichtwesen«, also aufgestiegenen und weit fortgeschrittenen »Astralseelen« stammen.
Die begriffliche Abklärung ist wichtig, um das Phänomen des Okkultismus und die entsprechenden okkulten Praktiken von Spiritismus, Satanismus soweit magischen Praktiken – soweit überhaupt möglich – zu unterscheiden. Als Er-

scheinung, Lehre oder Praxis, die sich auf verborgene Kräfte in Welt, Mensch und Außerweltlichem bezieht, die der normalen, auf der Sinneswahrnehmung beruhenden Erfahrung unzugänglich sind, versucht der Gebrauchsokkultismus etwa, verschiedene Personen oder verborgene Dinge aufzufinden, die Zukunft zu entschleiern, Ratschläge von »Wesen einer höheren Welt« zu empfangen oder einen Blick in das »Leben nach dem Tod« zu werfen. Ferner wird anhand spezifischer Verfahren versucht, die »okkulten Kräfte« zu beherrschen, sich ihrer zu bemächtigen, um sie für sich dienstbar zu machen. »Okkultisten« verstehen sich also als verfügungsmächtige Partner einer »anderen, dunklen, unheimlichen Welt und Wirklichkeit«, sofern sie nur die notwendigen Methoden und Praktiken (Rituale, Beschwörungen, manipulierbare Gesetze usw.) kennen und voll anwenden.

Eine Geschichte des Okkultismus zu schreiben, hieße, eine Geistesgeschichte der gesamten Menschheit aller Zeiten zu verfassen; so komplex und umfangreich ist dieses Gebiet. Die Palette heutiger okkulter Praktiken, die sich mit den von der Wissenschaft (noch) nicht allgemein erkannten Erscheinungen und Möglichkeiten des Natur- und Seelenlebens beschäftigen, welche der normalen Erforschung und Erkenntnis nicht zugänglich sind, ist außergewöhnlich groß und verwirrend. Zu den derzeit am meisten praktizierten werden folgende gezählt: Glasrücken bzw. automatisches Buchstabieren, automatisches Schreiben mit oder ohne Tischchen (Planchette), Tischrücken, Pendeln über dem Alphabet bzw. Gegenständen, Wünschelrutengehen und Kristallsehen. Daneben gibt es eine Anzahl »nicht anerkannter Deute- und Beratungspraktiken«, die wie die okkulten Praktiken von alters her ausgeübt werden. Darunter fallen: Kartomanie

(Tarotkartenlegen), I Ging und andere Orakelpraktiken, Handlesen (Chiromantie), Traum- und Zauberbücher (»Okkulte Medizin«) sowie Horoskopdeuten.
In der Beurteilung des Okkultismus stehen sich in der Regel zwei Theorien gegenüber: die »animistische« und die »spiritistische«, die sich gegenseitig ausschließen. Die »animistische« Erklärung des Okkultismus geht davon aus, daß alle okkulten Phänomene letztlich Ausfluß von bisher unbekannten Fähigkeiten des menschlichen Gehirns und unbewußter Schichten der menschlichen Seele sind. Die »spiritistische« Theorie besteht darauf, daß es ein individuelles Weiterleben der Seele nach dem Tod gibt. Aus dem Bereich, in dem dieses Weiterleben geschieht, wäre dann ein Hineinwirken dieser »Seelen« in unser Raum-Zeit-Gefüge möglich.
Die »animistische« Position vertritt die heutige Parapsychologie. Sie erforscht okkulte Erscheinungen mit naturwissenschaftlich-experimentellen Methoden und kommt zu dem Ergebnis, daß die Tatsächlichkeit okkultistisch-paranormaler Phänomene nicht bestritten werden kann. Die untersuchten und festgestellten Erscheinungen sind für sie freilich nicht »übernatürlich«. Sie sieht sie vielmehr als eine Erweiterung des Bereichs der Natur an, wobei »Natur« allerdings eine entfaltete Bedeutung erhält. Die Parapsychologie als wissenschaftliche Forschungsmethode ist also bestrebt, die Grenze des Okkultismus immer enger zu ziehen. Andererseits geht auch die religionswissenschaftliche Forschung heute davon aus, daß eine »okkultistische Begabung« zu den ursprünglichen Anlagen der Menschen gehörte.
»Okkultistische Erscheinungen« sind somit schöpfungsgemäße Erfahrungen, »okkultistische Kräfte« schöpfungsbedingte Begabungen, die nicht von vornherein als satanisch

zu deklarieren und entsprechend zu verteufeln sind. Über Okkultismus sollte vielmehr im Rahmen und unter dem Vorzeichen von Schöpfung, Fall und Erlösung nachgedacht werden.

LITERATURHINWEISE

Harald Baer, Ist die Stunde der Geister gekommen? Zur Hochkonjunktur des Okkultismus, Hamm 1987.

Hans Bender, Umgang mit dem Okkulten, Freiburg 1984.

Mircea Eliade, Das Okkulte und die moderne Welt, Freiburg 1984.

Gottfried Holtz, Die Faszination der Zwänge. Aberglaube und Okkultismus, Göttingen 1984.

Frauke Hunfeld/Thomas Dreger, Magische Zeiten. Jugendliche und Okkultismus, Weinheim 1990.

Wolfram Janzen, Okkultismus. Erscheinungen – Übersinnliche Kräfte – Spiritismus, Mainz/Stuttgart 1988.

Hans-Jürgen Ruppert, Okkultismus. Geisterwelt oder neuer Weltgeist, Wiesbaden/Wuppertal 1990.

Christian Weis, Begnadet, besessen oder was sonst? Okkultismus und christlicher Glaube, Salzburg 1986.

WALTER SCHMIDT

Satanismus

Eine der übelsten Formen und Spielarten des Okkultismus ist der Satanismus. Als Schwarzmagiertum ist er so alt wie die Menschheit, war ursprünglich ein »legitimer Seitenzweig« des Priestertums einer bestimmten Religion, das unter Umständen Schutz- und Heilungsaufgaben übernahm, aber im Verlauf der Absolutierung dieser religiösen Heil-Praxis ins unheilvoll Negative abgedrängt wurde. Als Teufelskult ist der Satanismus eine relativ junge und seltene Erscheinung. Kulturhistorisch faßbar wird er hauptsächlich im 17., 19. und 20. Jahrhundert, als literarisches Motiv besonders in der Epoche der Romantik und der Jugendstilzeit. Heutige magische oder schwarzmagische Gruppen suchen wahrscheinlich am meisten den außergewöhnlichen Kitzel, so daß man bereits von einer »Verbürgerlichung des Satanismus« reden kann.

Vor allem nach dem Zweiten Weltkrieg zeigt sich der Satanismus wieder in einer öffentlichen Bewegung von Schwarzmagiergesellungen, die auffallenderweise hauptsächlich von den angelsächsischen Ländern England und Amerika ausgehen. Dahinter scheint das Aufbrechen eines antizivilisatorischen Protestes zu stehen. Da die Sehnsucht nach tragfähigen religiösen Erlebnissen und spiritueller Mächtigkeit in den etablierten christlichen Kirchen und der herrschenden gesellschaftlichen Mentalität anscheinend nicht befriedigend beantwortet werden konnte, griffen die Suchenden auf vor- oder gegenchristliche Traditionen zurück. Ihren Haß gegen Kirche und Gesellschaft lebten diese

Gruppen in einer seltsamen Mischung aus Teufelskult, Sexualmagie und Okkultismus aus. Was bei dem englischen Schwarzmagier Aleister Crowley (1875-1947) noch wie ein blasphemisches Faunspiel wirkte, ist dann bei Charles Manson (geb. 1935) schreckliche, blutige Realität geworden. Er, der sich Christus und Satan zugleich nannte, sammelte eine Gruppe junger Leute um sich, die er zu sexuellen Orgien, Blut- und Mordritualen anstiftete. Außerdem spekulierten Manson und seine Anhänger über Astralleib sowie Seelenwanderung und verstanden sich als »endzeitliche Kirche« (»Final Church«).
Für die heutige Satanismusszene waren die Okkultorden des 19. und 20. Jahrhunderts die Ideenlieferanten. Als einflußreichster unter ihnen hat sich der O.T.O. (*»Ordo Templis Orientis«*) erwiesen, der so schillernde Persönlichkeiten wie den Agenten Theodor Reuß (1855-1923) und den Magier und Hexer Aleister Crowley zu seinen Mitgliedern zählte. Um 1921 übernahm Crowley von Reuß die Leitung des O.T.O., nachdem er zuvor die unteren Stufenleitern des *»Hermetic Order of the Golden Dawn«* (Orden der Goldenen Dämmerung) durchlaufen hatte.
Crowley will bereits im April 1904 von einer nichtmenschlichen Intelligenz namens »Aiwass, Minister des (ägyptischen) Gottes Horus« eine »Offenbarung« empfangen haben. Darin wird die Ablösung des (»osiranischen«) Christentums durch eine *»force and fire«*-Religion proklamiert, die für unsere »barbarische und infantile Zeit« (das »Kali-Yuga«) besser passen soll. Der damit anhebende »Neue Äon« (heute besser bekannt unter dem Namen »New Age«) soll unter dem Regiment des falkenköpfigen Gottes (Horus) stehen, der »Buddha, Muhammad und Jesus die Augen aushackt«. Horus (Harpokrates) erscheint aber auch als dau-

menlutschendes Kind. Das »Neue Weltzeitalter« soll 2000 Jahre währen und von dem der Maat (der federgeschmückten ägyptischen Göttin der Ausgewogenheit und der Gerechtigkeit) abgelöst werden.
Am 2. April 1920 gründete derweilen Crowley auf Sizilien das »Kloster Thelema« in einem alten Bauernhaus in Cefalù. Hier lebte er mit seinen wichtigsten Anhängern zwischen 1920 und 1923, bis ihn Mussolini ausweisen ließ, und zelebrierte sexualmagische (sakrilegische »Schwarze Messen«) bzw. linkshändig-tantrische Riten (geheimer indischer »Shiva-Shakti-Kult«), um das »Neue Zeitalter« herbeizuführen. Der Name des »Klosters« bezieht sich auf das Gesetz des Crowleyismus: »Thelema! (Wahrer Wille!) Tu, was du willst, sei das ganze Gesetz. Liebe ist das Gesetz, Liebe unter Willen (bewußt gewollte Liebe)«. Der erste Teil von Crowleys Parole stammt von dem französischen Dichter François Rabelais und zitiert dessen Utopie von der »Abtei von Thelema« (»*Abbaye de Thélème*«), einer freien Gemeinschaft von Individualisten, die, allen Genüssen hingegeben, friedlich zusammenleben. Ihre Klosterpforte ist mit den Worten überschrieben: »Mach, was du willst!«
Der führende französische Okkultist Eliphas Lévi (1816-1875) war ein Anhänger der Idee von »Thelema«, und von ihm hat sie Theodor Reuß, der Vorgänger Crowleys, als Chef des sexualmagischen Ordens O.T.O. übernommen. Crowley selbst hielt sich für eine Wiedergeburt Lévis. Crowleys Ritualpartnerin in Cefalù war die New Yorker Gesangslehrerin Leah Hirsig, die sich besonders vaginaler Fähigkeiten rühmen durfte. Ihr Amtstitel lautete: »Hure Babylon« bzw. »scharlachrote Frau« (»*Scarlet Woman*«), das auf dem apokalyptischen »Großen Tier 666« (»*The Great Beast 666*«) reitet.

Das letzte Ziel von Crowleys »Magick« ist die Selbsterlösung von allen Hemmungen, die Erkenntnis der eigenen (narzißtischen) Göttlichkeit, und ein ewiges Leben (in unendlich vielen Wiedergeburten) gemäß dem Lustprinzip. Jeder Mann und jede Frau ist ein »Stern«, ein Gott, besitzt die Freiheitsrechte eines Gottes und darf jeden töten, der ihm dies streitig machen möchte, heißt es bei Crowley. Die »Sklaven« sollen dienen!
Crowleys grausames Sammelsurium an Perversitäten und Obszönitäten wäre – wenn überhaupt – vielleicht nur von historischem Interesse, wenn nicht in jüngster Zeit zunehmend Neuauflagen von der einfachen Kopie bis zur Übersteigerung der thelemitischen Idee zu beobachten wären. In Berlin hat der 1949 geborene Michael D. Eschner, der sich für eine Inkarnation Crowleys hält, zusammen mit seiner Kultpartnerin Sigrid Kersken-Canbaz in einer über 40 Anhänger fassenden Wohngemeinschaft mit der Benennung »Abtei Thelema« den »Thelema-Orden des Argentum Astrum« gegründet. Der sexualmagisch arbeitende Berliner Crowley-Orden ist zwar inzwischen gerichtlich untersagt worden, aber seine Auflösung hat zu seiner Umwandlung in ein modernes, dezentral arbeitendes und gesteuertes »Netzwerk Thelema« geführt.
Alle Gruppierungen aufzuzählen, die sich heute auf Crowley als geistigen Ahnherrn berufen, ist hier nicht möglich; ohnehin wird die Grenze zwischen Berufs- und Gelegenheitssanatismus derzeit immer durchlässiger. Erwähnt werden müssen indes noch die *»Fraternitas Saturni«* sowie der neuheidnische *»Wicca-Kult«* (»Hexen-Kult«) um den Naturmagier Alex Anders. Schwarzmagische Rituale und neugnostische Geheimlehren bilden den Kern des heute praktizierten rituellen Satanismus in diesen auch und gerade in

Deutschland wirkenden neosatanischen Gruppen. Eine weitere gewinnt ständig an Bedeutung, vor allem (offen oder verborgen) in der Musik des *Heavy-Metal*-Hardrocks (»*Black Metal*«): »The First Church of Satan«. Diese staatlich anerkannte »Satanskirche« wurde in der Walpurgisnacht (30. April) 1966 in San Francisco von Anton Szandor LaVey gegründet. Der »High Priest« (Hoherpriester) LaVey ist ein enger Freund der verstorbenen Filmschauspielerin Jane Mansfield und war auf der Filmleinwand als teuflischer Erzeuger von Rosemarys Baby zu bewundern. LaVeys wichtigste Publikationen sind die in den USA viel gelesenen »The Satanic Bibel«, »*die* Bibel des Sanatismus«, und »*The Satanic Rituals*«. Crowleys: »Tu, was du willst« wird bei LaVey zu: »Tu, was dir gefällt«. Bei den Ritualen seiner Kirche handelt es sich um magisch drapierte Techniken der Verhaltenstherapie, die zu sexueller Befreiung und ungebremstem Durchsetzungsvermögen führen sollen. Die »Satanskirche« besitzt bereits Filialen in vielen Ländern, die »*Grottos*« genannt werden, und erhebt hohe Mitgliedsbeiträge. Das wichtigste Zentrum schwarzer Kulte ist indes gegenwärtig Turin, wo ein fürchterlicher Kampf (»Magier-Krieg«) zwischen Weißer und Schwarzer Magie tobt.
Ein (lebens)gefährlicher Thriller stellt derzeit der Luziferismus und Vampirismus in der satanischen Subkultur (Gruftis) dar, der nicht nur zu Tier-, sondern auch bereits zu (wahrscheinlich sechs) Menschenopfern (»Ritualmorde«) bei deutschen Jugendlichen geführt hat. Bei diesem »Jugendsatanismus« handelt es sich um eine Mischung aus Sadomasochismus (Lust durch Macht, Magie und Tod), Skantologischem (Exkremente, Menstrualblut, Sperma), sexueller Leidenschaft, Rausch, Ekstase, Haß und revolutionärem (meist rechtsradikalem) Aufbegehren. Dies alles wird blind-

wütig eingesetzt gegen die »Normopathie« einer »vordergründigen« Gesellschaft und die »Fadesse« einer banalen bürgerlichen Existenz – und zudem werden noch »(para)religiöse Bedürfnisse« befriedigt!
Satanismus als »System der Antimoral« ist die bewußteste, abgründigste und brutalste Form von Aberglauben. Im Satanismus glaubt der Gläubige im Grunde gegen Gott an sein allmächtiges Selbst und betreibt somit systematische Selbstvergötzung.

LITERATURHINWEISE

Annette und Friedrich-Wilhelm Haack, Jugendspiritismus und -satanismus. Begriffe, Informationen, Überlegungen, München 1989.

Bernhard Wenisch, Satanismus. Schwarze Messen – Dämonenglaube – Hexenkulte, Mainz/Stuttgart 1988.

WALTER SCHMIDT

Astrologie

Die Astrologie gibt es eigentlich nicht. Was es gibt, sind unterschiedliche astrologische Systeme (östliche, westliche, indianische, keltische usw.), verschiedene astrologische Schulen (Hamburger Schule, Münchner Rhythmenlehre, Kosmobiologie, anthroposophische Astrologie usw.) sowie die verschiedenartigen Astrologen und Horoskopisten.
Unter »Horoskop« verstanden die Astrologen der Antike jenes Zeichen des Tierkreises, das zum Zeitpunkt der Geburt eines Menschen am Osthorizont »aufsteigt«, was also heutige Astrologen den »Aszendenten« nennen. Dieses Zeichen ändert sich durch die Drehung der Erde etwa alle zwei Stunden. Die Zeitungshoroskope beziehen sich statt dessen auf den Stand der Sonne in einem Tierkreiszeichen – und damit auf einen Zeitraum von 28 bis 30 Tagen. Wenn man bedenkt, daß hier das gemeinsame Vielfache im Charakter all der Menschen beschrieben werden soll, die binnen eines Monats auf der Erde das Licht der Welt erblicken, dann wird man sich kaum wundern, daß dabei nur eine Sammlung von Allgemeinplätzen und Lebensweisheiten schlichtester Strickart herauskommt.
Kein Wunder also, daß sogenannte »seriöse« Astrologen solche hoffnungslos kommerzialisierte »Vulgärastrologie« ablehnen und darauf verweisen, daß sie wesentlich mehr Faktoren in ihre Deutung einbeziehen als nur den Sonnenstand, nämlich unter anderem:
– den Mond und die übrigen Planeten, denen bestimmte

Prinzipien zugeordnet werden (z.B. Venus: Liebe, Harmonie, Kunst; Mars: Wille, Dynamik, Impuls; Saturn: Verdichtung, Hemmung, Konzentration usw.),
– die zwölf Tierkreiszeichen, die bestimmte Eigenschaften anzeigen (z.B. Widder: willensstark, energisch, rücksichtslos; Stier: bedächtig, ausdauernd, besitzergreifend; Zwilling: neugierig, wendig, skeptisch usw.),
– die zwölf Häuser oder Felder, die für jene Bereiche stehen, in denen sich die aus der Kombination von Zeichen und Planeten entstandenen Charakterzüge praktisch umsetzen (z.B. 1. Haus: Persönlichkeit, Anlagen, Aussehen und Temperament; 2. Haus: Besitz aller Art und äußere Hilfsquellen; 3. Haus: Familie, Erziehung, Verbindungen, kurze Reisen usw.),
– sowie die verschiedenen Winkel, in denen die Planeten zueinander stehen, die sogenannten »Aspekte«, denen eine fördernde (Trigon 120 Grad), hemmende (Opposition 180 Grad), ausgleichende (Sextil 60 Grad) und eine Spannung erzeugende (Quadrat 90 Grad) Wirkung zugeschrieben wird.
Die Zuordnungen sind hier vereinfacht wiedergegeben, in der astrologischen Praxis indes sind sie bei den »Seriösen« differenzierter und vielfältiger.
Gleichwohl ist *eine* Beobachtung und Behauptung allen Astrologen aller Schulen und Systeme gemeinsam, die Behauptung, daß eine Beziehung zwischen dem Lauf der Gestirne am Himmel und dem Gang der Dinge auf Erden besteht, daß es also kosmische Einflüsse auf menschliches Verhalten gibt oder zumindest eine Entsprechung zwischen beidem.
Rein wissenschaftlich ist die Behauptung nicht zu beweisen, auch wenn es mittlerweile Hinweise gibt, daß Menschen,

Tiere, Pflanzen und sogar Mineralien auf kosmische Reize reagieren sollen. Astrologen weisen beispielsweise darauf hin, daß grundlegende biologische Rhythmen bei Lebewesen (Veränderungen im Stoffwechsel, in der Körpertemperatur oder im Verhalten) in Zyklen abliefen, die mit den zyklischen Bewegungen der Erde, des Mondes – und wahrscheinlich auch der Sonne – übereinstimmten. Es seien Tagesrhythmen zu beobachten, die sich auf die Erdumdrehung beziehen, Monatsrhythmen, die mit dem Umlauf des Mondes um die Erde zusammenhängen, und Jahresrhythmen, in denen sich die Bewegung der Erde um die Sonne und der damit verbundene Wechsel der Jahreszeiten abbilde. Die zyklischen Wechsel im Zusammenhang mit den Jahreszeiten finden sich, so behaupten denn die selben Astrologen, im Tierkreis wieder, der Tag- und Nachtzyklus mit seiner stundenweise wechselnden Wirkung in den zwölf Häusern oder Feldern des Horoskops, und der Monatszyklus zeige, daß zumindest der Mond einen meßbaren Einfluß habe.

Die »Wissenschaft« ist demgegenüber skeptisch bis ablehnend; macht doch aus wissenschaftlicher Sicht die Astrologie ohnehin zwei grundlegende methodische Fehler. Erstens stellt sie immer noch die Erde in den Mittelpunkt, wie vor Kopernikus' Zeiten, und zweitens beobachtet sie die Verschiebung des Frühlingspunktes (»Tagundnachtgleiche«) nicht und ignoriert daher, daß Tierkreiszeichen und Sternbilder nicht mehr übereinstimmen.

Auch wenn die Astrologie diese Vorwürfe mit dem Einwand erwidert, daß es sich bei ihrem Weltbild nicht um eine astronomische Realität im strikten naturwissenschaftlichen Sinne, sondern um ein »erprobtes« Denk- und Erfahrungsmodell handle, ist die Tatsache nicht aus der Welt zu schaffen, daß durch die Bewegung der Erdachse (die sogenannte »Präzession«) sich allmählich, aber stetig der Frühlingspunkt verschiebt. Während er zu Zeiten Hipparchs, der ihn etwa 125 vor Christus auf Null Grad festsetzte, noch im Tierkreiszeichen des Widders lag, ist er inzwischen durch das Sternbild Fische hindurch in das des Wassermanns gewandert.

Die Sternbilder stimmen also nicht mehr mit den Sternzeichen des Tierkreises überein. Aber wenn man schon den Sternbildern eine prägende Wirkung unterstellt, dann müßte man zumindest diese Verschiebung des Frühlingspunktes berücksichtigen. Die Astrologen indes richten sich immer noch nach der traditionellen Tierkreiseinteilung und berufen sich dabei auf den Ablauf der Jahreszeiten: Die Tierkreiszeichen, so heißt es, seien als »Jahreszeitensymbole« zu betrachten. Lediglich die anthroposophische Astrologie berücksichtigt diese Diskrepanzen: sie ordnet die Tierkreiszeichen dem ätherischen und die Sternbilder dem astralischen Bereich zu.

Das Weltbild der Astrologie ist aber eben nicht »wissenschaftlich«, sondern »weltanschaulich« fundiert. Der »Fixstern« der Horoskopie heißt nun einmal »Schicksal«, »Karma«. Durch vergangene, auch vorgeburtliche »Handlungen« sollen die Menschen demnach bestimmte »Rahmenbedingungen« für ihr gegenwärtiges Leben geschaffen haben – wie sie damit umgehen, wie sie innerhalb dieser »karmischen« Grenzen ihr Leben gestalten, das bleibt ihnen überlassen.

Jedenfalls: Charakter, Talente, Vorlieben, Abneigungen sind Eigenschaften der »Geistseele« des Menschen, die all das aus früheren Inkarnationen mitbringen soll, wenn sie, wie die Esoterik wisse, gegen Ende des dritten Monats in den Körper

»einzieht«, um hier auf Erden »Urlaub zu machen« oder eine neue Aufgabe zu erfüllen oder vielleicht auch, »um alte Rechnungen zu begleichen«. Wenn Gestirne an der Bildung des menschlichen Wesens mitwirken, dann tun sie dies von Anfang, d.h. vom Augenblick der Zeugung an – »denn auch im Uterus erreichen uns ›kosmische Botschaften‹ verschiedenster Form und Frequenz«. Der Mensch kommt also nach gemeinastrologischer Sicht offensichtlich nicht als ein »unbeschriebenes Blatt« zur Welt, auf das vom »Stempel der Gestirne« dann bei der Geburt seine Charakterzüge aufgeprägt würden. Das »Gesetz, nach dem er angetreten«, liegt in »vorgeburtlichen Dispositionen«. Hinzu kommt: Das »innere Bild der Seele« entspricht lediglich dem »äußeren Bild des Himmels«, des »Schicksals Sterne« finden sich – gemäß esoterischem Analogiedenken und der alchimistischen Vorstellung einer »Sympathie des Alls« – »ebenso tief unten in unserer Brust wie hoch oben am Firmament«.

Menschliche »Freiheit« – das ist astrologisch lediglich der festgelegte Spielraum zwischen den unausweichlichen Wänden eines Käfigs, in dem es gilt, den vorherbestimmten Ausweg zu finden, einen Weg, der nicht selten in Sackgassen führt; – wenn der Mensch nicht, wie die neuere Astropsychologie betont, umkehrt oder über die Mauer klettert! Denn, so gibt sie zu bedenken: Astrologie hat nur den Sinn, uns zu zeigen, daß es bestimmte Erfahrungen gibt, die erlebt und gelebt, aufgearbeitet und integriert werden müssen.

Man könne nämlich seine Anlagen, Gaben oder Talente – und nichts anderes beschreibe nämlich das Horoskop – auf ganz unterschiedliche Weise in gelebte Biographie umsetzen. Und der Spielraum, der sich dabei ergebe, sei so groß, daß auch der beste Astrologe daraus keine eindeuti-

gen und konkreten Aussagen oder gar Prognosen herleiten könne.
Mit dieser Neuinterpretation versucht die »Neue Astrologie« einem alten Problem aus dem Wege zu gehen: dem der Willensfreiheit. In der Tat ist das Problem der Willensfreiheit eines der wichtigsten und umstrittensten in der ganzen Astrologie, von der Antike her bis in unsere Tage hinein, sowohl in den verschiedensten astrologischen Schulen als auch bei ihren unterschiedlichsten Vertretern.
Die Antwort der »seriösen Astrologie heute« auf einen »Astro-Fatalismus von damals« ist vorsichtig: Horoskope sind keine deterministischen Drehbücher im Sinne eines unabänderlichen Schicksalsdiktats, sondern als »Deutemuster« eine Hilfe, die Tiefen und Abgründe des eigenen Bewußtseins zu erkennen: ein »Meditationsbild«, eine Möglichkeit der psychischen und letztlich spirituellen Selbstfindung. Kosmos, Erde, Sonne, Mond und Sterne geben dem Menschen lediglich einen »Bezugsrahmen«, in dem er sich entfalten kann – aber sie zwingen ihn nicht. Die Naturgesetze sind verbindlich, aber sie vergewaltigen nicht. Betrachten wir also so die Aufforderung der »Astro-« bzw. »Kosmosophen« des »Neuen Denkens«, die »Wirkung der Gestirne« nicht als Zwang, sondern als Anregung. Es ginge vielmehr darum, sich »mit den Sternen zu bewegen, statt sich ihnen zu beugen«. In diesem Sinne könnten wir auch unser Horoskop nützen, nicht als befremdliche Schicksalsklempnerei, sondern als brauchbares Instrument und Katalysator der eigenen Identität. Als »Prüfstein«, an dem wir uns erproben, als Spiegel, der unser Gesicht nicht verursacht, aber immerhin ein Abbild davon liefert. Und auch ein Spiegel mit blinden Flecken sei unter Umständen hilfreich, so meint die »therapeutische Astrologie« heute.

Wie man auch sei – Astrologie alt oder Horoskopie heute: Astrologie gehört neben Spiritismus, Ufologie und esoterisch-neugnostischen Weltanschauungen wie Theosophie, Anthroposophie, Rosenkreuzer u.a. zu den vier klassischen »Okkultkonfessionen«. Daß etwa die Hälfte aller Bundesbürger deren Grundannahme teilt, daß zwischen Gestirnskonstellation und Lebensschicksal irgendein Zusammenhang bestehe, zeigt die Anfälligkeit unserer Zeitgenossen für »Fremdbestimmung« durch die »Lebenshilfe Astrologie«. Gerade die astrologische Lebensberatung stellt ein gewaltiges psychohygienisches Problem dar, das nicht zuletzt Kirche, Theologie und christlichen Glauben elementar herausfordern sollte.
Wenn Astrologie die tiefe Rätselhaftigkeit und unaufklärbare Dunkelheit des menschlichen Daseins »erhellen«, den unsicheren Zeitgenossen seiner selbst »vergewissern«, dem atomisierten Mitmenschen eine »neue, andere, größere und höhere Wirklichkeit« vermitteln, die »Monade Mensch« harmonisch und holistisch (ganzheitlich) »bergen« sowie kosmisch und universal »weiten« möchte, dann sind damit ur-christliche Anliegen angesprochen. Für biblische Frömmigkeit sind Sternenkult und astraler Determinismus überwundenes Heidentum; Sonne, Mond und Sterne entmythologisiert, funktionalisiert und instrumentalisiert: in den Dienst der Botschaft des Evangeliums gestellt. Am Beginn wie am Ende des Neuen Testaments spielen »Sterne« eine heilsgeschichtlich-symbolische Rolle: Chaldäische Sterndeuter gelangen in Ausübung ihre Berufs zur Krippe und Anbetung Jesu, und in der Berufungsvision des Sehers Johannes im letzten Buch der Bibel ist dem »siebenarmigen Leuchter« das »Geheimnis der sieben Sterne« zugeordnet. Damit sind eben nicht mehr die »am Himmel sichtbaren

Götter«, die sieben Planeten der Antike gemeint, sondern als »himmlische Urbilder der Kirche« die »Engel der sieben Gemeinden«: die standhaften und vorbildhaften Bekenner der frühen Christenheit.

LITERATURHINWEISE

Paul Bauer, Horoskop und Talisman. Die Mächte des heutigen Aberglaubens und die Macht des Glaubens, Stuttgart 1963.
Siegfried Böhringer, Astrologie. Kosmos und Schicksal, Mainz/Stuttgart 1990.

KLAUS BANNACH

Christian Science

Der Gottesdienstraum von Christian Science in Tübingen ist streng und schmucklos, wie überall, wo sich die Mitglieder von Christian Science zum sonntäglichen Gottesdienst versammeln. Vorne steht ein großes, doppelt breites Lesepult. Von hier aus leiten die beiden »Leser« den sonntäglichen Gottesdienst, der im wesentlichen in der Verlesung von biblischen Texten, Kommentaren von Mary Baker Eddy und einer Lesepredigt besteht, die in der Bostoner Mutterkirche, der Zentrale von Christian Science, konzipiert und an alle Tochterkirchen auf der Erde verschickt wird. Grundlage für diese Predigten ist wiederum die Lehre Mary Baker Eddys. In jeder Gemeinde von Christian Science gibt es einen öffentlich zugänglichen Leseraum, in dem die Werke Mary Baker Eddys und die Heilige Schrift eingesehen und studiert werden können. Ihr Hauptwerk »Wissenschaft und Gesundheit« versteht sich als Erläuterung der Heiligen Schrift, aber im Grunde sind alle ihre Werke Schriftkommentare, so wie sie eben die Schrift verstand. Wer war Mary Baker Eddy?
1821 im Hause eines strenggläubigen Kongregationalisten geboren, wuchs sie in der strengen (»schmucklosen«) christlichen Atmosphäre auf. Immer wieder von Krankheit heimgesucht, wurde ihr der strenge Gott Calvins, auf dessen ewige Ratschlüsse man bekanntlich aufgrund des irdischen Ergehens Rückschlüsse ziehen konnte, zum Problem. Bedeutete in dieser Frömmigkeitstradition chronische Krankheit nicht, aus dem Antlitz dieses Gottes verbannt zu sein?

Das Unheil schien Mary Baker auch sonst zu verfolgen. Ihr erster Mann starb, noch ehe ihr erstes Kind zur Welt kam. Ihre zweite Ehe wurde ein Fehlschlag. Eines Tages stürzte sie sehr schwer, so daß das Gehen zu einer nicht endenwollenden Mühsal wurde. In dieser Situation machte sie Bekanntschaft mit dem Wunderheiler Ph. P. Quimby, der Menschen durch Übertragen von Gedankenkräften, vor allem aber durch die Überzeugung gesund machte, Krankheit sei nichts weiter als ein (manchmal lebensbedrohlicher) Irrtum.

Mit dieser Sicht der Dinge, die das Negative, das Unglück, ja das Unheil im menschlichen Leben einfach »wegdefiniert«, wurde Quimby einer der Urheber der New Thought Bewegung in Amerika, die noch heute mit der Maxime »Denke positiv« viele Ratgeber zu allgemeinen menschlichen Lebensfragen inspiriert. Mary Baker jedoch machte nicht durch Quimby direkt, sondern in einem intensiven Bibelstudium nach der Begegnung mit ihm die Erfahrung einer Spontanheilung. Sie reflektierte diese Erfahrung in der Auseinandersetzung mit der Heiligen Schrift. Und da war nun ihre erste Erkenntnis die, daß zum Lebensvollzug einer christlichen Gemeinde die Heilung von Kranken gehören müsse, wollte man den Weisungen Jesu (Mt. 10, 8) wirklich Folge leisten.

Als 1889 durch ihre Initiative The First Church of Christ, Scientist (Die erste Kirche Christi, Wissenschaftler) gegründet wurde, war denn auch das wichtigste Amt in einer Gemeinde dieser Kirche das des Practitioner, das des Ausübers, wie es in der deutschen Übersetzung unschön heißt. Der Practitioner ist in einer Gemeinde von Christian Science der einzig hauptamtlich eingestellte Mitarbeiter. Seine Arbeit mit kranken Menschen schlägt sich vor allem im Mittwochsgottesdienst nieder, in dem die Ebene der abstrakten Lehr-

überlieferung verlassen wird und in den Heilungszeugnissen menschliche Erfahrungen, menschliches Schicksal thematisiert werden.
Mary Baker gewann aus der Lektüre ihrer Heilungserfahrung und der Heiligen Schrift jedoch noch eine zweite Erkenntnis. Alles ist gut in dieser Welt. Denn alles stammt von einem Gott, der gut ist. Das Böse hat keine wirkliche Realität, es hat Realität nur in unseren ach so menschlichen Gedanken und Worten. Krankheit, Leid und Tod sind daher Unwirklichkeiten. Man leidet nicht. Man erkrankt nicht. Man stirbt nicht. Man verabschiedet sich.
Mag man die Tragweite dieser Gedanken für die Gotteserfahrung auch bezweifeln und fragen, ob hier nicht die urmenschliche Neigung zur Selbsttäuschung außer Betracht geblieben sei, so ist etwas anderes an diesem Gottesbild doch sehr wichtig. Mary Baker leitet nämlich aus der Tatsache, daß alle menschliche Wirklichkeit auf Gott zurückgeht, ab, daß die nicht medizinische Heilungspraxis, wie sie Christian Science praktiziert, keinesfalls als mehr oder weniger merkwürdige Wunderheilungen zu begreifen seien.
Da auch sie (gerade sie!) Ausdruck göttlichen Waltens sind, gehorchen auch sie göttlichen Gesetzen. Zwischen Heilungen, die aus den Prozeduren der medizinischen Wissenschaften hervorgehen, und solchen, die als Wunderheilungen zu verstehen sind, gibt es daher im Grundsatz keinen Unterschied. In beiden Verfahren herrschen göttliche Gesetze. Deshalb stehen die Heilungen, wie sie Christian Science vollbringt, denjenigen in den Arztpraxen oder Krankenhäusern in nichts nach. Und aus dieser Überzeugung resultiert auch die Heilungspraxis der Christlichen Wissenschaft.
Was immer von den konkreten Erfolgen dieser Wissenschaft

zu halten ist, unbestreitbar ist, daß Mary Baker auf ihre Weise die Frage nach dem Verhältnis des christlichen Glaubens zu den Wissenschaften gestellt hat. Glaube wird bei ihr zur Wissenschaft, und man hat ihre Art zu denken daher auch als Szientismus bezeichnet (K. Holl).

Die Bezeichnung »christliche Wissenschaft« hat Asa Gilbert Eddy geprägt, einer ihrer ersten Schüler und seit 1877 ihr dritter Ehemann. Am großen Baum des christlichen Glaubens gibt es kaum einen Zweig, der so ausschließlich der Weitergabe einer Lehre verpflichtet wäre wie Christian Science. Fast alle Lebensformen dieser aus dem reformierten Christentum hervorgegangenen Gemeinschaft bestehen aus Unterricht und Lehre. Es gibt nur verinnerlichte Formen der Sakramente, Hochzeit und Tod eines Menschen bleiben ohne religiöse Begleitung.

Mary Baker Eddy hat alles getan, um durch die von ihr entworfene Kirchenordnung die unveränderte Geltung ihrer Lehre sicherzustellen. Es ist auch nicht so ganz eindeutig entscheidbar, ob sie nun Gott als eine Person mit einem Antlitz oder doch nur als ordnendes Prinzip versteht. Auch Jesus Christus scheint eher das heilende Prinzip in der Welt des einen Gottes zu sein, der schon in der Zeit des Alten Testaments wirksam war.

Damit diese ihre Lehre unverändert weitervermittelt wird, müssen bei Neugründungen von Gemeinden mindestens vier der erforderlichen 16 Gründungsmitglieder aus der Mutterkirche in Boston stammen. Deshalb müssen neben den bereits erwähnten Lesern vor allem auch die »Lehrer«, die in besonderen Kursen in der Lehre M. Baker Eddys geschult werden, für die unverfälschte Weitervermittlung dieser Lehre Sorge tragen. Es ist daher nicht verwunderlich, daß bisher Versuche, die Lehre Mrs. Bakers weiter zu entwickeln, stets zu Abspaltungen von Christian Science geführt haben. Persönliche Frömmigkeit äußert sich vor allem im Gebet, in dem das Mitglied von Christian Science die Nähe Gottes sucht. 1910 ist Mary Baker Eddy in Boston gestorben. Sie ist, wie die Wissenschaftler sagen, weitergegangen, nachdem sie noch miterlebt hatte, wie Christian Science Monitor, die 1908 von Christian Science gegründete Tageszeitung, wegen des positiven, »sauberen« Journalismus zu einem weltweit anerkannten Presseorgan geworden war.

Man kann die Bewältigung von menschlichem Schmerz und Leid sicherlich nicht so leisten, daß man Kummer, Schmerz und Tod »wegdefiniert« – und das auch noch unter Berufung auf einen Gott, der gerade am Kreuz seine ganze Realität gewinnt. Aber daß Krankheit und Tod auch Gegenstand einer lebendigen Glaubenspraxis sein müssen und nicht nur medizinische Realitäten darstellen, das hat M. Baker Eddy sicherlich richtig gesehen.

LITERATURHINWEIS

John, D., Die Lebenseinstellung des christlichen Wissenschafters, Boston 1974.

CHRISTOFFER GRUNDMANN

Heilungsverlangen und Heilungssucht

Während einer Zugfahrt von Hannover nach Stuttgart stieg ein älteres Ehepaar zu mir ins Abteil, mit dem ich schnell ins Gespräch kam. Ich erfuhr, daß beide Eheleute sich einmal die Woche von Göttingen nach Baden-Baden auf den Weg machten, um sich dort von einem bestimmten Arzt gegen die sie plagenden Ischias- und Bandscheibenbeschwerden mit Spritzen behandeln zu lassen. Weil die herkömmliche Behandlung mit Medikamenten, Operationen und Kuraufenthalten ohne spürbare Besserung verlaufen war, setzten sie jetzt alles auf diese Therapie, von der sie sich Heilung erhofften.

Wer versteht nicht solche Sehnsucht, selbst wenn dies einen unverhältnismäßig hohen Zeit- und Kostenaufwand erfordert? Es ist doch nicht nur der Rücken oder der schmerzende Oberschenkel, nein, es ist das ganze Leben, das durch Schmerzen und Krankheit in Mitleidenschaft gezogen ist. Das verunsichert, wirft aus der gewohnten Bahn. So schnell wie möglich möchte man es wieder so haben wie vordem. Das gilt nicht nur heute und hier, nicht nur für jenes Ehepaar und für uns, das gilt überall auf der Erde, in Grönland genauso wie in Brasilien, in Indien genauso wie in Ghana. Und das hat es immer schon gegeben.

Wie es die Erfahrung von Krankheit zu allen Zeiten der Menschheit gegeben hat, so auch seit Urzeiten das Bemühen darum, sich vor Krankheiten zu schützen und das Wissen um Krankheitsbehandlung zu vermehren. Aus unmittelbarer Betroffenheit und Notwendigkeit heraus wurde so die Heilkunde geboren. Im europäischen Bereich, anfangend mit der hippokratischen Medizin Griechenlands, entwikkelte sich die Heilkunde zur naturwissenschaftlichen Hochleistungsmedizin unserer Tage, neben der aber immer auch andere Heilweisen bestanden haben. Während sich letztere bei uns, nicht zuletzt aufgrund mangelnden Erfolges, nicht haben behaupten können, so existieren sie doch in überseeischen Ländern ungebrochen fort.

Krankheitserfahrung, Heilungsbedürfnisse und Heilkunde bedingen einander, und dies ebenfalls seit Menschengedenken. Kein Wunder, daß auch Jesus mit dieser Wirklichkeit zu tun hatte. Es ist nichts Besonderes, daß ihm Kranke begegneten und auch an ihn die sehnsüchtige Bitte herantrugen, sie zu heilen. Ihm begegnete zwar kein älteres Ehepaar mit Ischiasschmerzen, aber doch »eine Frau, die hatte den Blutfluß seit zwölf Jahren, und hatte viel erlitten von vielen Ärzten und all ihr Gut dafür aufgewandt; und es hatte ihr nichts geholfen, sondern es war noch schlimmer mit ihr geworden« (Mk. 5,25ff.). Ihre Hoffnung trog nicht, wie wir wissen. Der Sohn Gottes, der lebendige Gott selbst steht der Not der Welt und des Menschen nicht hilflos gegenüber. Ihm sind die Hände nicht gebunden. Er heilt. In göttlicher Vollmacht schafft er an Ort und Stelle neues Leben. Die Evangelien – und nicht nur sie – sind voll von solchen Zeugnissen.

Es gibt ein selbstverständliches, natürliches Verlangen nach Heilung, was gar nicht zu hinterfragen ist. Aber es gibt auch eine regelrechte Heilungssucht, in der solches Verlangen zum einzigen Lebensinhalt geworden ist und in der sich aus Überdruß an einer kühl rationalen, hochtechnisierten Zivilisation ein schier unstillbares Bedürfnis nach dem Unerklärbaren und Exotischen Bahn bricht. Statt uns etwas vorzumachen, sollten wir es nüchtern zur Kenntnis nehmen, daß viele von den sich »alternativ« bzw. »charismatisch« nennenden Heilungsbemühungen solcher Reaktion entsprungen sind. Aufschlußreich ist in diesem Zusammenhang die Beobachtung, daß im hochzivilisierten Japan seit den 30er Jahren etwa 350 »moderne Religionen« (modern religions) entstanden sind, in denen Heilungserfahrungen oftmals eine ganz besondere Rolle spielten.

Es verwundert daher nicht, daß »Heilung« eines der Leitworte der »New Age-Bewegung« ist. So stand das 20jährige Jubiläum des »Frankfurter Ring« Pfingsten 1989 in Bad Homburg unter dem Motto: »Heilende Wege« und behandelte Themen wie »Die Wiederentdeckung der Heilkunst«, »Heilende Wege durch die Pflanzen der Götter?« und »Heilen aus geistiger Kraft«. Ein »Mutter-Erde-Zentrum« im Oberbergischen bietet Seminare zur »Körper – Geist – Heilung« an und Versandhäuser vermarkten mittlerweile die »Heilkräfte der Edelsteine«.

Die Vielfalt der Angebote zeigt nicht nur das Bemühen um die Befriedigung individueller Bedürfnisse – zweifellos eine Stärke –; diese Vielfalt ist zugleich Hinweis auf das Ausmaß der Sehnsucht nach Harmonie und Geborgenheit. Wenn auch nicht jede Therapie oder Veranstaltung, allein schon aus finanziellen Gründen, massenhaften Zuspruch finden dürfte, so summieren sich die einzelnen Aktivitäten schließlich doch zu einer beachtlichen Größe. Unter der Anhängerschaft sowie den engagierten Vertretern alternativer Heilweisen finden sich viele hochsensible und intuitiv begabte Menschen. Einige von ihnen haben eine geradezu faszinierende Ausstrahlung und starke Persönlichkeit, die sich wohltuend abhebt von den uniformen, gestreßten und gehetzten

Zeitgenossen auf der Straße. Der Schlüssel zum »Erfolg« vieler dieser »Heilweisen« liegt im Ernstnehmen der Not des durch Rationalität sich selbst entfremdeten einzelnen Menschen, der in einer Leistungsgesellschaft sein Selbstwertgefühl einzig aus seiner finanziell honorierten Effektivität bezieht. Das persönliche Eingehen auf die menschlichen Bedürfnisse in einer unmenschlich gewordenen Gesellschaft wirkt nicht nur wohltuend und befreiend, sondern sicherlich auch heilend. Die persönliche Ansprache, das sehr schnelle Hinübergleiten in das intime »Du«, die Geste der Handauflegung, all das sind Zeichen, die Vertrauen untereinander stiften sollen und folgerichtig zu Gemeinschaftsbildungen, zu regelrechten »Gemeinden«, führen.
Heilungsberichte sind Zeugnisse. Sie haben mit persönlichem Bekenntnis zu tun und mit persönlicher Gewißheit. Das wird besonders deutlich an Selbstzeugnissen von Behinderten. So ist die Biographie der durch einen Unfall querschnittsgelähmten indischen Ärztin Mary Verghese betitelt: »Um Füße bat ich und er gab mir Flügel!« Und der Lebensbericht des ebenfalls durch einen Unfall erblindeten Franzosen Jacques Lusseyran, des späteren Professors der Literaturwissenschaft: »Das wiedergefundene Licht – die Autobiographie eines Menschen, den seine Blindheit sehen lehrte!« An solchen literarisch gewordenen Formulierungen wird deutlich, daß diese Menschen trotz ihrer Versehrtheit heil sind. Haben sie nicht die Heilung gefunden, die viele andere vergeblich suchen? In einer Weise sicherlich ja; in anderer Weise, nämlich, daß auch ihre körperliche Versehrtheit aufgehoben worden wäre, sicherlich nein. Ihnen wurde geschenkt, mit ihren Behinderungen leben zu können. Doch ist es das, was unter Heilung zu verstehen ist? Wird Heilung, wenn sie so verstanden wird, nicht zu sehr

verinnerlicht und vergeistigt? Wenn aber das Heilungsverständnis erst einmal so weit ausgedehnt ist, daß die konkret leibhaftige Seite, die zweifelsohne anstößigste Seite, aus dem Blickfeld gerät, dann besteht die Gefahr, den leiblichen Substanzverlust durch weltanschaulich-religiöse Erklärungen zu ersetzen. Es ist eines, erfahrene Heilung zu bezeugen. Es ist ein anderes, die bezeugte Heilung zu erklären. Beides ist nicht zwingend und bleibt für Außenstehende frag-würdig.

Wie damals zur Zeit Jesu, so haben auch heute Heilungsberichte immer Bekenntnischarakter. Sie sind Zeugnisse der unmittelbar Betroffenen bzw. Berichte derer, die die Veränderungen zum Besseren beobachtet haben. Bekenntnisse aber haben religiösen Charakter. Man kann sie ablehnen oder annehmen. Nur in ganz beschränktem Maße kann man sie, wie z.B. die medizinischen Protokolle einer Genesung, diskutieren. Für die Betroffenen selbst aber bleibt das Erlebnis der Heilung eine unerschütterliche Gewißheit, egal, was andere darüber denken.

Dabei verschiebt sich allerdings auch der Bedeutungsinhalt von »Heilung«. Heilung bezeichnet dann einfach alles: von tatsächlicher »Genesung«, über das »Sich-besser-Fühlen«, bis hin zur »kosmischen Harmonie«, in der dann sowohl die individuelle Begrenzung des Körpers als auch die der eigenen Person diffus aufgelöst werden. Der Begriff der Heilung ist so schillernd geworden, daß er nichts Eigentliches mehr bezeichnet, wie es folgende Anzeige zur »REIKI«-Methode belegt: »REIKI ist universale Lebensenergie oder göttliche Kraft und wird durch Auflegen der Hände weitergegeben. REIKI wirkt auf allen Ebenen, der körperlichen, geistigen, emotionalen und seelischen. Es fördert die Selbstheilung, kräftigt Körper und Geist, löst Blockaden auf, reinigt von

Giften und stellt die Harmonie wieder her.« – Heilung also als Synonym für »glückliches, erfolgreiches Leben«, als Chiffre für Eudämonismus.
Mit oft nur oberflächlichen Anleihen bei den unterschiedlichen Kulturen – denen Japans, Chinas, Indiens, des Schamanismus Sibiriens und Nordamerikas, des Medizinmannwesens Afrikas usf. – sind alternative Heilweisen für eine ganz bestimmte soziale Schicht zum geistreich verklärten – bzw. erklärten Rückzug aus der Verantwortung für das zugegebenermaßen schwierige Leben in der nüchternen Gegenwart geworden. Das gehobene Bildungsbürgertum ist jener Kreis, der auf solche spirituellen Bedürfnisse nicht nur ansprechbar ist, sondern der auch allein in der Lage sein dürfte, die oft beträchtlichen Kosten für ein entsprechendes Trainings-Wochenende oder für eine Schulung zu bezahlen.
Doch nicht nur die ökonomische, auch die weltanschauliche Dimension dieser Heilweisen ist bedenklich. Der ständige Appell an die »Selbstheilungskräfte«, an die »kosmischen Heilkräfte« und die »Natur«, vermittelt durch Therapeuten, Lehrer, Gurus und Medien, ist sicherlich oft gut gemeint, geht aber häufig auf Kosten einer sorgfältigen Diagnose, weil die Diagnose ein durchaus auch rationaler Erkenntnisvorgang ist und als solcher einer bestimmten Weltsicht, einem bestimmten Weltbild verpflichtet. Es macht einen gewaltigen Unterschied, ob die Magenverstimmung dadurch verursacht ist, daß mir das Leben im Augenblick »nicht schmeckt«, oder durch eine Infektion, die eben bewirkt, daß mir das Leben im Augenblick nicht mehr schmecken kann; die Diagnose bestimmt die Therapie.
Die Kritik an der naturwissenschaftlich begründeten Medizin geschieht häufig unter dem Hinweis auf die ihr fehlende »Ganzheitlichkeit«, die dann selbstverständlich für andere

Weisen des Heilens in Anspruch genommen wird. Dabei wird aber übersehen, daß ein gewissenhafter, medizinischer Umgang mit Krankheit wesensmäßiger Bestandteil ganzheitlichen Behandelns sein muß – und nicht der Verzicht darauf!

Der Überdruß und die Not, die mit der Hochleistungsmedizin – vielleicht zwangsläufig – einhergehen: Funktionalisierung, Technisierung, Individualisierung und Kommerzialisierung sind heute zur Genüge bekannt. Gerade auf diese beängstigenden Nebeneffekte konzentriert sich das Interesse an den sogenannten »alternativen«, »sanften« oder »natürlichen Heilweisen«. Die Stärke auch vieler fremdländischer Heilmethoden und geistigen Heilweisen liegt darin, daß sie sich mit viel Hingabe und Einfühlungsvermögen auf den einzelnen Erkrankten einstellen und in jeder Hinsicht das soziokulturelle Umfeld sowohl diagnostisch als auch therapeutisch mitberücksichtigen.

Auch in christlichen Kreisen dient neuerdings das Modewort der »Ganzheitlichkeit« als schlagendes Argument. Es ist gleichsam ein Zauberwort. Doch Vorsicht ist geboten; denn das »Ganze« ist mehr als die Summe der Teile – und die einzelnen Teile sind durchaus nicht gleichwertig. Es gibt Wesentliches und Unwesentliches, Richtiges und Falsches. Der gute Zweck heiligt nicht die Mittel, genausowenig wie die Floskel der »Ganzheitlichkeit« jedwedes Anliegen! Wovon allenfalls zu sprechen wäre, ist das Bemühen um einen umfassenderen und damit wahrhaftigeren Umgang mit Krankheit und Heilung. Christen haben nicht die »Ganzheitlichkeit« Gottes zu bezeugen, sondern seine wahrhaftige Liebe zu Menschen.

KLAUS BANNACH

Scientology Church

Jeder Mensch möchte frei sein. Nicht nur von Hunger und Durst und von politischer Unterdrückung, sondern auch von den Antrieben in sich selbst, die er nicht unter Kontrolle bekommt: von Angst oder Zorn oder Gier, die ihm immer wieder in die Quere kommen und die ihn daran hindern, in jeder Situation souverän zu reagieren. Souveränität über sich selbst und die anderen zu bekommen, das ist Freiheit.

Sigmund Freud hat davon gesprochen, das Ich müsse Herr im Hause der menschlichen Seele und ihrer dunklen Mächte werden. Er hat seine ganze psychoanalytische Arbeit bei seinen Patienten der Aufgabe gewidmet, das Ich Herr im Hause werden zu lassen. Am Ende seines Lebens wußte er, daß dies eine unlösbare Aufgabe ist. Der Mensch muß mit den Streichen, die ihm das Unbewußte spielt, leben lernen. In allen Religionen gibt es deshalb so etwas wie Sündenvergebung, damit Menschen mit ihren Mängeln leben können und nicht vollkommen sein müssen wie Gott. Heute weiß die Psychologie zudem, daß sich hinter dem Wunsch, die eigenen Mängel nicht mehr aushalten zu müssen, also vollkommen zu sein, Gott zu sein, nichts anderes als narzistische Wünsche, auf deutsch »Größenwahn« verbirgt.

Amerikanische Soziologen meinten diesen Größenwahn überall an den Menschen der westlichen Welt beobachten zu können. Sie nannten unser Zeitalter deshalb ein narzißtisches. Vielleicht ist das eine Erklärung, warum so viele

Menschen auf das Dianetic/Scientology genannte System zur psychischen Vervollkommnung, das der amerikanische Science-Fiction-Autor L. R. Hubbard entwickelt hat, hereinfallen. Auf das Versprechen hereinfallen, sie könnten zu Menschen werden, die vollkommen souverän, also unbehindert durch eigene Triebe und die Emotionen anderer, handeln. Lafayette Ron Hubbard (1911-1986) nämlich behauptete, indem er auf hinduistisches Gedankengut zurückgriff, der Mensch bestünde aus Thetan (Geistsubstanz) und Leib. Unter günstigen Umständen könne der Geist (Thetan) den Leib nach Belieben steuern. Günstige Umstände sind dann gegeben, wenn der Geist (Thetan) vollständig rein (clear) ist. Im Normalfall ist der Geist (Thetan) nicht vollständig clear, da frühere Reinkarnationen und schlechte Erfahrungen in diesem Leben auf dem Geist ihre Spuren hinterlassen haben (Engrame). Aufgabe für einen Menschen, der die volle Souveränität über sich gewinnen will, ist es deshalb, den Thetan von den Engramen zu reinigen.
Dieses geschieht bei Scientology in einer Art von psychotherapeutischer Sitzung, die in der Scientologensprache »Auditing« heißt – der psychotherapeutisch geschulte Gesprächspartner des Kandidaten, der clear werden will, heißt entsprechend Auditor (beide Begriffe sind abgeleitet von lateinisch: audire, hören). In diesem »Auditing« werden wieder und wieder die psychischen Schädigungen des »Preclear« (Kandidat, der das clearing noch vor sich hat) durchgesprochen in der Hoffnung, daß diese Schädigungen (Engrame: abgeleitet von einem griechischen Wort, das »hineinschreiben« bedeutet) verschwinden, und daß der Betreffende dann als »Clear« souverän handeln kann.
Da dies aber ein illusionäres Ziel ist, erleidet der Kandidat immer größere Niederlagen, er kommt auf dem Nullpunkt

seiner psychischen Kräfte an. Genau das ist beabsichtigt, denn dadurch gerät der Betreffende immer mehr in die Abhängigkeit von Scientology. Er setzt auf das nächste Auditing und das übernächste. Und von Auditing zu Auditing steigen die Preise. Höher und höher. In astronomische Höhen (Sept. 1979, 125 Stunden Auditing, 40 458 DM; nach Haack, F., Scientology, S. 159).
Auch wenn eine solche Krise ausbleibt und der Kandidat das Gefühl hat, Fortschritte zu machen auf dem Weg, ein Clear zu werden, also ein Mensch, der sich nach vollem Belieben selbst steuern kann, selbst dann ist er noch lange nicht am Ziel. Das Ziel heißt »Operating Thetan (OT)«, was ein Werbeprospekt von Scientology so definiert: ». . . ein Wesen, das wissentlich und willentlich Ursache über Denken, Leben, Form, Materie, Energie, Raum und Zeit sein kann, subjektiv und objektiv. Dieser Seinszustand wird durch Übungen erlangt, nachdem der Zustand Clear erreicht wurde.« Also auch wenn man Clear geworden ist, kann man sich noch weiter vervollkommnen in (bis 1988) insgesamt acht OT-Graden. Und auch dies wird durch Kurse und Übungen erreicht, die alle ihr Geld, viel Geld kosten. Aber man ist ja dann auch ein Wesen, das Raum, Zeit, Materie, Form und Gedanken hervorbringen kann: frühere Generationen haben zu einem solchen Wesen Gott gesagt. Und durch sein Handeln ohne Rücksicht auf sich selbst, ohne Rücksicht auf die Mitmenschen soll sich ein OT als souverän erweisen. Deshalb heißt »Ethik« bei Scientology, daß man sich am eigenen Überlegen orientiert.
L. R. Hubbard hat diese Gedanken nicht alle erfunden. Er ist zu ihnen angeregt worden. Ab 1945 arbeitete er nämlich in dem kalifornischen Zweig des »Ordo Templi Orientis« (Orientalischer Templer Orden, O.T.O.) mit. Dieser Orden

war tief beeinflußt worden durch den englischen Magier Aleister Crowley (1875-1947). Crowley hat dem Orden O.T.O. als Lebensregel das Gesetz mitgegeben: »Tu, was du willst«. Und dieses Gesetz wird ausdrücklich folgendermaßen erläutert: »Es gibt keinen Gott außer dem Menschen. Der Mensch hat das Recht, nach seinem eigenen Gesetz zu leben, zu leben wie er will, zu arbeiten wie er will, zu spielen wie er will, zu ruhen wie er will, zu sterben wann und wie er will« (Haack, S. 35). Natürlich hat er auch das Recht, zu sagen und zu schreiben, was er will und zu lieben, wann und wen er will. Der Mensch, der den hybriden Anspruch erhebt, Gott zu sein, braucht auf nichts und niemanden mehr Rücksicht zu nehmen.

Es ist ersichtlich, daß dies für Hubbards Operating Thetan das Vorbild gewesen ist. Der OT ist der Mensch, der sich in seinem Handeln nur noch von einem eigenen Gesetz leiten läßt. Scientology ist also mit ihrem Menschenbild und den darauf beruhenden Psychotechnologien zutiefst in den Traditionen des Satanismus verwurzelt, wobei unter Satanismus das Bemühen des Menschen zu verstehen ist, Gott seinen Rang mit Hilfe satanischer Mächte streitig zu machen. Das hat konkrete Auswirkungen. Der Konflikt zwischen täglich erfahrbarer Realität und dem OT-Anspruch souveräner Lebensbewältigung dürfte so gravierend sein, daß viele Menschen darunter zerbrechen. Unter den sogenannten Jugendreligionen ist Scientology deshalb wahrscheinlich diejenige, die die meisten Opfer produziert: finanzielle Zusammenbrüche, psychische Krisen, Suizide.

Religion oder Kirche? Über diese Frage ist viel vor den Gerichten gestritten worden (was ja schon für sich spricht). Es hängt von dieser Frage für Scientology einiges ab, vor allem, ob eingehende Gelder als Spenden für religiöse Zwecke

steuerfrei bleiben oder nicht. Mehrere Gerichtsurteile haben die Frage negativ entschieden: Scientology habe keinerlei religiöse Zwecke, könne nicht als Kirche betrachtet werden. Wie immer die Gerichte diese Frage wohl letztendlich entscheiden, es gibt gute Gründe zu bezweifeln, daß Scientology überhaupt etwas mit Religion zu tun hat. In dem bereits erwähnten Werbeprospekt hat Scientology so etwas wie ein Glaubensbekenntnis vorgelegt (S. 19). Es beginnt mit den Worten: »Wir von der Kirche glauben ...«. Aber dieser Text hat keinerlei religiösen Inhalt. Er handelt von den Menschenrechten. Das Wort Gott wird nur im Zusammenhang mit den Menschenrechten insgesamt zweimal erwähnt: Gott ist der Garant der Menschenrechte, Legitimationsfigur, keine eigenständige Größe im Zusammenhang mit der religiösen Erfahrung. Gott ist zweckdienlich, wie all die religiösen Elemente, die Scientology aus den verschiedenen Religionen benutzt. Zweckdienlich zur Imagepflege, zur Werbung, oder eben um Geschäftsgewinne steuerfrei verbuchen zu können. Daß aber Scientology in der Tat nicht als Kirche betrachtet werden kann, zeigt vor allem die Tatsache, daß Scientology eine Fülle von »Tarnorganisationen« gegründet hat, um die Geschäftsaussichten zu verbessern, um besser an die Menschen heranzukommen, oder um staatlichen Maßnahmen aus dem Weg zu gehen.
1968 wurde Hubbard aus England ausgewiesen, woraufhin die Organisation für acht Jahre von See aus geleitet wurde, weshalb Scientology heute noch manchmal als Sea-Org(anisation) firmiert. Als echte Tarnorganisation haben u.a. zu gelten: »Narconon e.V.« (Drogenhilfe, 1966) und »ZIEL, Zentrum für individuelles und effektives Lernen« (1977). Durch ZIEL-Bildungsangebote und Kurse werden schon Kinder Mitglieder von Scientology. Die Vielfalt der Sciento-

logy-Organisationen, die auch nach dem Tod Hubbards (1986) nicht abgenommen haben, dient dazu, an die Menschen und ihre Bedürfnisse, an ihre gesellschaftliche Situation heranzukommen. Auch an religiöse Bedürfnisse, daher braucht man eben eine Kirche. Aber das Ziel ist nicht der Mensch, das Ziel ist immer das Geld.

REINHART HUMMEL

Vereinigungskirche – die »Moonies«

Erst vor kurzem fand in Korea wieder eine Massenhochzeit statt. Reverend Moon, wie sich der Gründer der Vereinigungskirche (VK) nennen läßt, hat wieder einmal aus der Menge seiner Anhänger Tausende von Paaren füreinander bestimmt und, im Ritual der»Segnung«, von der Erbsünde und vom »satanischen Blut« gereinigt, das seit dem Sündenfall in den Adern der Menschheit fließt. Für die »Moonies« ist diese Eheschließung, meist mit einem zugewiesenen Partner, ein Vorrecht, das durch jahrelange Mühe und »Wiedergutmachung« verdient werden muß, zugleich der entscheidende Schritt auf dem Weg zur Vollkommenheit.
Nach der Lehre der »Göttlichen Prinzipien«, der Grundschrift der VK, besteht das Ziel der Schöpfung darin, daß Mann und Frau in der Verbundenheit mit Gott zu »wahren Eltern« und, zusammen mit ihren Kindern, zu einer »wahren Familie« werden. Auf diese Weise soll die ursprüngliche Schöpfungsordnung, die durch den Sündenfall zerstört wurde, wiederhergestellt werden. Jeder nimmt dann nämlich die ihm zugedachte »Position« ein: Gott wird als der gemeinsame Ursprung anerkannt; Mann und Frau sind auf Gott ausgerichtet und repräsentieren seinen männlichen und weiblichen Aspekt; in den Kindern werden beide wieder miteinander vereinigt. Die Kinder aus solch einer von Moon gesegneten Ehe gelten als sündlos, weil sie das seit dem Sündenfall verdorbene Blut nicht mehr in sich tragen.
Die Massenhochzeiten oder Massenadoptionen der VK verdeutlichen sowohl die kulturelle als auch die religiöse

Fremdheit dieser 1954 gegründeten koreanischen Neureligion für den Westen. In den traditionellen Kulturen Ostasiens wurden Ehen üblicherweise arrangiert, der einzelne Mensch wurde weniger von seiner Individualität als von seiner »Position« in einer sakralen Weltordnung her definiert, und der gesamte Weltprozeß wurde aus dem Wechselspiel von Yin und Yang, des Weiblichen und Männlichen erklärt. Diese und andere Elemente ostasiatischer Kultur und Religion sind in der Vereinigungskirche mit dem Geschichtsverständnis und der Hoffnung auf ein messianisches Reich, die auf dem Boden des Christentums gewachsen sind, vermischt. Die VK ist eine synkretistische Neureligion.
Ihre religiös-theologische Fremdheit wird aus christlicher Sicht besonders daran deutlich, daß sie das Heilswerk Jesu Christi als unvollendet oder gar als gescheitert betrachtet, und zwar schon deshalb, weil Jesus unverheiratet und kinderlos am Kreuz starb, ohne eine »wahre Familie« gegründet zu haben. (Deshalb soll die VK Jesus nachträglich ein koreanisches Mädchen angetraut haben.) Die Schuld daran gibt die VK vor allem den Menschen, konkret den Juden, die Jesus nicht als Messias angenommen haben. Gott und sein Messias sind nämlich nach dieser Auffassung auf die Mitwirkung des Menschen angewiesen: Wenn die Menschen nicht bereit sind, durch Wiedergutmachung, d.h. durch Dienst, Gebet, Fasten und Leiden Gott zu helfen und ihn in seinem Leiden zu »trösten«, so ist das göttliche Werk der Wiederherstellung wieder einmal gescheitert.
Gilt das nun auch für das vermeintliche Heilswerk des neuen Messias aus Korea, des »Herrn der Wiederkunft«? Jedenfalls bilden Moon und seine jetzige Frau zusammen die eigentlichen »wahren Eltern«; ihre leiblichen Kinder sowie die von ihnen gesegneten Moonie-Ehen und deren Nachkommen

gelten als sündlos und als Beginn der neuen, wiederhergestellten Menschheit.
Es ist hier nicht der Ort, die vielen Unvereinbarkeiten zwischen dem christlichen Glauben und der Lehre der VK im Verständnis von Schöpfung, Sündenfall, Erlösung und Vollendung aufzuzeigen. Die VK betrachtet sich selbst als »Gesellschaft zur Vereinigung des Weltchristentums«, genauer: als eine neue, endgültige »Dispensation« oder Offenbarungsstufe, dazu bestimmt, die christlichen Konfessionen, ja alle Religionen zu vereinigen. Darum bemüht sie sich um einen Dialog mit und zwischen anderen religiösen, vor allem den christlichen Traditionen. Diese Bemühungen betreibt die VK durch eine Fülle von Nebenorganisationen, die zwar ihren Zusammenhang mit Reverend Moon nicht leugnen, aber auf direkte Missionierung verzichten. Ihre Leiter und Sprecher sind häufig keine Mitglieder, sondern sympathisieren nur mit der VK oder mit einzelnen ihrer Ziele.
Die Parole, mit der zum Sammeln aller religiösen Kräfte gegen die Mächte der Gottlosigkeit geblasen wird, heißt »Gottismus«. Dieses Konzept dient als der kleinste gemeinsame Nenner aller Religionen. Auf seiner Grundlage werden von Organisationen wie New ERA Konferenzen mit dem Ziel der Religions- und Konfessionsvereinigung durchgeführt. Dabei bleibt meistens undeutlich, daß die Religionen und Konfessionen nur dazu eingeladen werden, sich wie Satelliten um das Zentrum des neuen Messias Moon zu sammeln. Offensichtlich ist das Verlangen nach solchen Begegnungsmöglichkeiten und Vereinigungsvisionen groß. Deshalb findet das, was man den »Moon-Ökumenismus« nennen könnte, immer wieder Interessenten, auch solche, die sonst einen großen Bogen um die VK machen würden.
Bei anderen Moon-Organisationen wie CAUSA diente der

»Gottismus« dazu, alle religiösen Kräfte zu einer Front gegen den »gottlosen« Kommunismus zusammenzuschweißen und so »die Vernichtung Gottes und die Zerstörung der Menschheit« zu verhindern. Dieser religiöse Antikommunismus ist in den »Göttlichen Prinzipien« verankert und hat zu fragwürdigen Allianzen mit lateinamerikanischen Militärdiktaturen und zur Kritik an der Befreiungstheologie geführt. Der Antikommunismus Moons hängt mit seiner Zeit in einem nordkoreanischen Straflager, aber auch mit der südkoreanischen Kommunistenfeindschaft zusammen. Man kann ihn als eine politische Theologie des 38. Breitengrades charakterisieren, der die beiden Teile Koreas voneinander trennt. Moons Besuch in Moskau 1990 und sein Händedruck mit Gorbatschow haben die Situation freilich geändert.

Die relativ geringe Mitgliederzahl der VK, vor allem in den westlichen Ländern, steht in einem deutlichen Mißverhältnis zur Wirtschaftsmacht des Moon-Imperiums, vor allem in Japan, aber zunehmend auch in der Bundesrepublik. Sie ermöglicht die Finanzierung der politischen Aktivitäten und der aufwendig gestalteten Kongresse. Was das ganze Imperium zusammenhält, ist jedoch Moons unangefochtene Autorität bei seinen Anhängern. Diese sind in ihren Missionsmethoden zwar vorsichtiger geworden als in früheren Zeiten, aber immer noch ist der Glaube der VK, daß das göttliche Werk der »Wiederherstellung« am Menschen scheitern könnte, eine unbarmherzige Knute, die die Moonies zu immer neuen Leistungen motiviert.

Als ein positiver Ansporn wirkt die spiritistisch-schamanistische Vorstellung, daß in der jenseitigen Welt der Geister die Würfel längst gefallen, alle Gegensätze schon vereinigt sind und der Weg zur Aufrichtung des Reiches Gottes bereits

freigemacht ist. Der Umgang mit der Geisterwelt spielt in der VK eine wichtige Rolle. Anfangs hatte Moon, wie es heißt, in einem schweren geistigen Ringen dem Satan das Geheimnis des Sündenfalls (und damit den Weg zu seiner Überwindung) entrissen, und auch die Vereinigung der religiösen Traditionen, mit dem »Herrn der Wiederkunft« als Mittelpunkt, wird von der Arbeit gewisser Geistwesen erwartet, die auf die Erde zurückkehren und sich in Menschen der Gegenwart verkörpern.
Soll man nun die Hingabe der Moonies an ihren Messias, ihren Eifer für die Vision des Reiches Gottes und ihre Hochschätzung der Familie als Vorbild für Christen preisen oder als abschreckendes Beispiel religiös verbrämter Hörigkeit bekämpfen? Jedenfalls möchte man wünschen, daß das gespannte Verhältnis zwischen ihnen und der Außenwelt sich bessert und das der VK innewohnende Konfliktpotential allmählich entschärft wird.

LITERATURHINWEISE

Bendrath, D., u.a., Ein Messias aus Korea? München 1980.
Handbuch Religiöse Gemeinschaften, Gütersloh 1985.

KLAUS BANNACH

Bhagwan Shree Rajneesh

Von allen indischen Gurus, die bei uns in den vergangenen Jahren und Jahrzehnten bekannt geworden sind, ist Bhagwan Shree Rajneesh nicht nur der bekannteste, er ist auch der wichtigste und in gewisser Weise auch der faszinierendste, weil man an ihm deutlich machen kann, worin die neue Religiosität, die sich in unserer Gesellschaft außerhalb der Kirche ausbreitet, eigentlich besteht. Er *ist* die neue Religiosität, er repräsentiert sie wie kein anderer. Von allen Weltreligionen nämlich will er sich verabschieden. Seine Religion braucht keinen Gott, keine Priester, keine heiligen Schriften, keine Gebete oder andere religiöse Rituale. Seine Religion braucht nur den Menschen, sein Herz und seinen Leib. Denn seine Religion ist vor allem Energie. Energie, die den Menschen mit dem Kosmos verbindet. Energie zur schieren Kreativität, Energie zum bloßen Lebendigsein. Energie, um die Vitalität, die Lebenslust zu steigern. Bhagwan verwirft alle asketischen Tendenzen in den religiösen Traditionen der Menschheit, besonders auch der Religion, aus der er herkommt, dem indischen Jainismus. Hier war die Askese, bis hin zum Nacktasketentum, Lebensgesetz gewesen. Bhagwan verwirft aber auch die in seinen Augen falsche Rücksichtnahme auf den anderen – Religion hat es nur mit der kreativen Energie zur Durchsetzung der Lebensinteressen zu tun. Deswegen ist für ihn die Existenz von Armen oder sozial Schwachen überhaupt kein Problem. Denn sie haben ja dieselben Chancen sich durchzusetzen, zumal wenn sie am Kraftfeld Bhagwans partizipieren.

Am sinnfälligsten werden die kreativen religiösen Energien in der menschlichen Sexualität erfahren. Und das darf man unter keinen Umständen moralisch verstehen, wie es mit allen diesbezüglichen Nachrichten aus Poona in den 70er Jahren geschehen ist. Denn Bhagwan knüpft auch hier (diesmal positiv) an eine alte indische Tradition an, die man Tantra nennt. Tantra heißt Ritual. Und in einem Ritual, also in einer genau festgelegten Form des sich zueinander Verhaltens (und nicht willkürlich nach Lust und Laune) wird hier die Sexualität des Menschen mit ihren Energien zum Gegenstand religiöser Erfahrung gemacht. Denn die Religion ist sozusagen die Energie der Energien und deshalb bezieht sie auch den Leib des Menschen in vielfacher Weise (nicht nur in sexueller!) in die religiöse Erfahrung mit ein. Die Frage ist nun: Wie kann man diese religiösen Energien handhaben, wie kann der Guru sie an seine Schüler vermitteln, wie kann der Schüler mit ihnen umgehen? Um damit klarzukommen, hat der Meister eine ganze Reihe von Übungen, Meditationsübungen entwickelt. Und diese langen Meditationsübungen (mehrfach am Tag eine Stunde) sind es wohl gewesen, die das Geheimnis des Lebens in Bhagwan-Zentren bis zum Zusammenbruch von Rajneeshpuran (1983) ausgemacht hat.
Indem er Anregungen aus der humanistischen Psychologie und von dem russischen Magier G. Gurdjew (1865-1949) aufgreift, entwirft er den ganzen Leib einbeziehende Übungen, die von extremer Anspannung zu absoluter Ruhe wechseln. So lauten z.B. Anweisungen von Bhagwan: »Explodiere, lasse alles raus, was ausbrechen will, werde total verrückt, schreie, kreische, heule, hüpfe, schüttle dich, tanze, singe, lache, tobe herum...« »Stop! Friere auf der Stelle ein, haargenau in der Position, in der du dich gerade befin-

dest. Mach keine Körperkorrekturen. Ein Husten, die kleinste Bewegung ... und schon fließt die ganze Energie ab und alle Mühe war umsonst« (Das Orangene Buch, S. 38f).

Man sieht: so werden die Energien erzeugt und gehandhabt, mit denen die Religion die Lebenslust und die Vitalität des Menschen steigert.

Die Religion des Bhagwan Shree Rajneesh lebt also von Gefühlsenergien. Und das bedeutet zugleich, sie hält nicht mehr viel vom Intellekt, von der Anstrengung, das, was das Herz oder der Leib fühlt, gedanklich zu durchdringen. Die Frage nach der Wahrheit, die ja im Falle Bhagwans zunächst nur darin bestünde, daß seine Aussagen in Poona und in Rajneeshpuran und wiederum in Poona einigermaßen widerspruchsfrei miteinander verknüpft werden können – nein, diese Frage nach der Wahrheit schätzt er nicht. Ganz im Gegenteil, er liebt die Widersprüche. Heute äußert er sich so, morgen so. Und so weiß man nicht, wie seine Sätze gemeint sind. Will er bloß provozieren? Oder versorgt er seine Zuhörer oder Leser nur mit Futter, um sich über sie lustig zu machen? Daß er keine weiteren Dogmen in die Welt setzen will, macht ihn sympathisch. Aber ist es für seine Anhänger zu ertragen, wenn er sich der Frage nach der Wahrheit verschließt und wie ein Chamäleon auf der Mauer sitzt, das jeden Augenblick seine Hautfarbe wechselt? Aber natürlich weiß er auch hier ganz genau, was er tut. Denn gescheit ist er ja, er kennt die Fragen, bevor jemand sie stellt. Er will vermeiden, daß sich Menschen mit Hilfe von Sätzen oder Aussagen an das, was man die Bhagwanreligion nennen könnte, binden. Er will die Menschen nicht zu Parteigängern des Rajneeshismus machen. Aber dadurch, daß auf Wahrheitsfragen verzichtet wird, bindet er die Menschen nur umso mehr an seine Person.

Was und wer Bhagwan ist, das kann man nirgendwo nachlesen, das kann man sich von niemandem sagen lassen, das kann man nur immer wieder neu und immer wieder anders aus seinem Mund erfahren. Und so muß man denn an seinen Lippen hängen. Auch das entspricht indischer Gurutradition. Aber Bhagwan hat daraus virtuos ein hochwirksames Instrument im Umgang mit seinen Anhängern und den Medien gemacht. Der stete Widerspruch verleiht ihm die Aura der göttlichen Erhabenheit. Wer sich stets ändert, ist nicht zu durchschauen, nicht festzulegen, paßt also nicht in diese Welt. Und für die Medien hatte ein Bhagwanauftritt immer den Charakter einer kleinen Sensation. Der Gaukler war immer für eine Nachricht, die verkauft werden konnte, gut; kein anderes religiöses Phänomen ist seinerzeit so oft in den Medien besprochen worden. Gib nicht zu erkennen, wer du bist, lege dich nicht fest, verzichte auf Wahrheitsansprüche – und du bleibst interessant in einer Medienwelt, die stets hinter Neuem her ist. Der alte Gaukler wußte es.

Inzwischen ist er tot. In den letzten Jahren und Monaten, wieder zurück in Poona, schien sein Charisma verblaßt. Mit einem neuen Namen (Osho), mit neuer göttlicher Berufung, wollte er noch einmal neu anfangen. Nach seinem Tod wird er zur Legende. Und die zieht immer noch Menschen in ihren Bann.

REINHART HUMMEL

Hare-Krischna-Bewegung

In den unruhigen 70er Jahren zogen die westlichen Krischna-Mönche in ihren farbigen Gewändern noch tanzend und »Hare Krischna, Hare Rama«-singend durch die Straßen der Großstädte. Sie waren das sichtbarste Zeichen dafür, daß der Hinduismus zur weltweiten Ausbreitung aufgebrochen war, und daß indische Gurus und Meditationsformen auch in westlichen Ländern Anklang fanden. Das gemeinsame Mantra-Singen (»Chanten«) ist das entscheidende Kennzeichen der »Internationalen Gesellschaft für Krischna-Bewußtsein« (englische Abkürzung: ISKCON) geblieben, die 1966 in New York von dem bereits bejahrten A. C. Bhaktivedanta Swami Prabhupada gegründet wurde. Das »Chanten« dient einem doppelten Zweck. Einmal gilt es als der eine und einzige Heilsweg für das gegenwärtige, schlechte Zeitalter. Es öffnet den Weg zu Krischna, der »höchsten Gottheit«. Zugleich ist es das wichtigste Missionsmittel. Es soll gleichsam die Welt mit dem Gottesnamen überfluten und die Menschen für Krischna gewinnen. Der zahlenmäßige Erfolg dieser Bemühungen war nicht groß. Dazu ist die kulturelle Fremdheit dieses Glaubens zu groß und seine Anforderungen zu hoch. In der Bundesrepublik hat es nie mehr als 80 bis 100 Krischna-Mönche der ISKCON gegeben. Kleine Gruppen sowie vereinzelte Anhänger und Sympathisierende gibt es freilich auch in Afrika und in den kommunistischen Ländern.

Missionsdrang und Sendungsbewußtsein sind also weitere Kennzeichen der Hare-Krischna-Bewegung. Das paßt nicht

zum vorherrschenden Hinduismusbild des Westens und zur Selbstdarstellung des Neohinduismus, der sich seit der Mitte des vorigen Jahrhunderts unter westlichem Einfluß aus dem traditionellen Hinduismus Indiens entwickelt hat. Schon Swami Vivekananda, der Gründer der Ramakrischna-Mission, hatte vor begeisterten indischen Massen ausgerufen: »Auf, indische Spiritualität, erobere die Welt!« 1893 trat er mit anderen Repräsentanten des Hinduismus (und anderer Weltreligionen) auf dem »Weltparlament der Religionen« in Chicago auf, sammelte anschließend die ersten westlichen Jünger um sich und gründete die ersten Hindu-Organisationen auf westlichem Boden. Um die Jahrhundertwende entstanden in Amerika die ersten Hindu-Tempel. Die ISKCON gehört in den Strom dieser missionarischen Gegenbewegung, der vom Weltparlament der Religionen seinen Ausgang nahm.
Sie unterscheidet sich aber auch von ihm. Sie pflegt nicht die stille Versunkenheit des individuellen Meditierens, sondern die gemeinsame, ekstatische Gottesverehrung. Sie bekämpft leidenschaftlich den Glauben vieler gebildeter Hindus, daß der Mensch die personhaften Gottesvorstellungen überschreiten und das unpersönliche Göttliche verehren soll. Für die ISKCON ist Krischna der höchste persönliche Gott, und seine liebende Verehrung (»Bhakti«) ist die höchste Form der Gottesverehrung überhaupt. Auch vom Geist hinduistischer Toleranz ist bei ihr wenig zu spüren. Der 1977 verstorbene Swami Prabhupada konnte in der Kritik anderer Hindu-Traditionen scharf werden, und in der Geschichte und Vorgeschichte der ISKCON gibt es viele Beweise von Konfliktfreudigkeit und Militanz. Das hängt damit zusammen, daß sie vor allem vom Geist des bengalischen Krischnaverehrers Tschaitanya geprägt ist, der im 16. Jahr-

hundert, etwa zur gleichen Zeit wie Martin Luther, lebte, die Krischnaverehrung erneuerte und dabei auch den Konflikt mit den islamischen Herren des Landes nicht scheute. Will man die ISKCON mit den Mitteln der Religionswissenschaft charakterisieren, so bezeichnet man sie am besten als westlichen Ausläufer der von Tschaitanya geprägten und erneuerten bengalischen Krischnaverehrung.

Was ist nun mit dem Wort »Krischnabewußtsein« gemeint? Es schlummert, so würde die ISKCON antworten, in jedem Menschen, hat aber sein eigentliches Ziel vergessen. Statt Krischna zu lieben, hängt sich der Mensch an die materielle Welt und sucht Befriedigung im Sinnengenuß, d.h. im Wohlstand, im sexuellen Vergnügen, im Drogen- und Alkoholrausch usw. Damit aber verfehlt er sein Leben und muß sich »zurück zur Gottheit« rufen lassen. Besonders verabscheut die ISKCON den Fleischgenuß. Schlachthäuser und Alkoholherstellung sollten in einer gottesfürchtigen Gesellschaft abgeschafft werden. Im Gespräch reduzierte Swami Prabhupada einmal seine Forderungen an die Christen auf zwei Hauptpunkte: Das »Chanten« eines Gottesnamens, sei es auch der Name »Christus«, und die vegetarische Lebensweise. »Wenn Sie keine Tiere töten und den Namen ›Christus‹ chanten, wird alles vollkommen werden.«

Die vier ISKCON-Prinzipien einer frommen Lebensführung liegen ganz auf dieser sinnenfeindlichen Linie: Nur Krischna geweihte Speise zu sich nehmen, keine Rauschmittel einschließlich Kaffee und Tee, kein Glücksspiel, keine Unterhaltungsvergnügungen, keine unerlaubte Sexualität, d.h. Sexualität, die nicht der Kinderzeugung in der Ehe dient. Alles das gilt als Fehlform jener Liebe, die eigentlich Krischna gehört und ihm zu Unrecht entzogen wird.

Mit diesen asketischen Forderungen lag Swami Prabhupada

völlig quer zum Lebensstil der damaligen Hippiekultur. Aus ihr gewann er aber auch seine erste größere Anhängerschaft: Statt Drogenrausch die Verzückung frommer Ekstase, statt sexueller Freizügigkeit die kompromißlose Absage an die Welt des Sinnengenusses; statt Selbstbestimmung die Hingabe an die autoritär wirkende Persönlichkeit des »spirituellen Meisters«, der den Geist der Tschaitanya-Tradition in sich verkörpert.

In den beiden ersten Jahrzehnten seit 1966 gab es in der ISKCON mehr Krischna-Mönche als Laienanhänger. Der Bruch der »Gottgeweihten« mit der Vergangenheit, häufig auch mit ihrer Familie, war total. Durch ihre zweite Initiation werden die ISKCON-Mönche in den Brahmanenstand erhoben, in völligem Widerspruch zum Kastendenken des orthodoxen Hinduismus, der nur denjenigen als Brahmanen anerkennt, der in eine Brahmanenfamilie hineingeboren wird. In dieser umgestalteten Form hält mit der ISKCON die viergliedrige Kastengesellschaft Einzug in das Abendland. In jüngerer Zeit hat freilich die Zahl unverheirateter Laien-Anhänger die der Mönche überrundet. Damit verstärkt sich die Anpassung an die westliche Gesellschaft, auch wenn die Laienanhänger sich nach Möglichkeit an die lokalen Zentren, die »Tempel« halten.

Das wichtigste im Tempel sind die farbenfrohen, nach westlichem Geschmack fast kitschig-bunten Altäre. Auf ihnen stehen geweihte Abbilder Krischnas, seiner Frau und Gespielin Radha, seines Bruders Balarama und anderer Gottheiten, ferner die Bilder von Gurus aus der Tschaitanya-Tradition. Vor ihnen vollziehen sich die – in der Morgenzeit – stundenlangen Rituale der Krischnaverehrung, begleitet von Trommeln und Zimbeln. Die Gottesverehrung der ISKCON trägt alle Züge des Bilderdienstes.

In Indien hat die ISKCON an mehreren Orten neue Krischna-Tempel gebaut, verbunden mit Gästehäusern und Erinnerungsstätten für ihren Gründer Prabhupada. Große Geldsummen mußten und müssen für solche Bauten aufgebracht werden. Für den Außenstehenden ist es schwer einzuschätzen, wo in der Tätigkeit der ISKCON der Gottesdienst aufhört und der Mammonsdienst anfängt. Geld spielt jedenfalls in ihr eine wichtige Rolle, und die beherrschenden Posten des Tempelpräsidenten sind begehrt und umstritten.
Ein großer Teil der Energie der »Gottgeweihten« geht in die Übersetzung, Herstellung und den – teilweise sehr aggressiven – Vertrieb frommer Schriften, Missionswerk und Einnahmequelle zugleich. Im nordindischen Vrindaban kann man die Wachsfigur des verstorbenen Prabhupada besichtigen, am Schreibtisch sitzend, die nimmermüde Feder in der Hand. Im Zentrum stehen nicht die Upanischaden, sondern die Schriften der Krischnaverehrung wie die Bhagavadgita und vor allem das Bhagavata Purana. Nach westlichem Verständnis ist die ISKCON fundamentalistisch. Sie will die alten Schriften nicht deuten, sondern so zur Geltung bringen, »wie sie sind«. Faktisch läuft das darauf hinaus, daß der westliche Konvertit zusammen mit der Krischnaverehrung einen großen Teil der traditionellen Hindu-Kultur übernehmen muß. Besonders problematisch ist das für die Frauen. Es gibt bisher nur wenige ISKCON-Mitglieder, denen es gelingt, mit der Kultur des Westens in ein sinnvolles Gespräch einzutreten. Eine besondere Form, traditionelle Hindu-Kultur im Sinne der ISKCON zu pflegen, sind Farmen, wie sie z.B. im bayerischen Jandelsbrunn entstanden sind.
Die Probleme mit der ISKCON liegen auf zwei Ebenen. Auf der gesellschaftlichen Ebene läuft die Zugehörigkeit zu ihr auf eine tiefgreifende kulturelle Entfremdung hinaus. Unter

ihr leiden besonders die ISKCON-Frauen, die sich mit der traditionellen indischen Frauenrolle abfinden müssen, und die betroffenen Familien, die ihre Kinder, oft unter heftigen Konflikten, an eine fremde Glaubens- und Kulturwelt verlieren.

Auch auf der religiösen Ebene sind die tiefgreifenden Unterschiede nicht zu übersehen. Die Bilderverehrung der ISKCON, ihre Abwertung der materiellen Welt, die doch von Gott geschaffen ist und durch sein Wort und durch Gebet geheiligt wird, ihre Dämonisierung von Menschen, die nicht nach ISKCON-Maßstäben leben – das alles und anderes mehr ist mit dem christlichen Glauben unvereinbar, obgleich es in der Kirchengeschichte dazu manche christlichen Parallelen gegeben hat. Zugleich erinnert die ISKCON uns Christen daran, daß der Mensch der Faszination Gottes und seiner Liebe erliegen kann. Auch die Nachfolge Christi ruft aus aller weltlichen Bindung heraus zu einem Leben in völliger Hinwendung zu Gott.

LITERATURHINWEISE

Reinhart Hummel, Indische Mission und neue Frömmigkeit im Westen, Stuttgart 1980.

Handbuch Religiöse Gemeinschaften, Gütersloh 1985.

KLAUS BANNACH

Transzendentale Meditation (TM)

Ende der 60er Jahre wurde dadurch zum ersten Mal auch eine breite Öffentlichkeit in Amerika und Europa mit hinduistischen Meditationsmethoden konfrontiert, daß weltweit bekannte Rockgruppen wie die Beatles und die Rolling Stones sich zu dem indischen Yogi Maharishi Mahesh Yogi vor dem Forum der Weltöffentlichkeit bekannten.

Dieser als Prasad Warna um 1915 in Indien geborene Yogi hatte eine Meditationsmethode entwickelt, die unter streßgeplagten Europäern und Amerikanern Furore machte, weil sie zeigte oder zu zeigen vorgab, sie könne den Menschen wieder zu sich selbst zurückführen, ja sie könne ihm übernatürliche Fähigkeiten der Selbstkontrolle verleihen. Werbewirksam waren diese »übernatürlichen« Fähigkeiten, die die indische Religionsgeschichte als siddhis kennt und die von Anhängern der TM u.a. in Fernsehshows vorgeführt wurden: Levitationen, Schweben durch Meditationen bei Rudi Carell in einer seiner Fernsehshows. Werbewirksam waren auch die phantastischen spirituellen Ansprüche, mit denen Maharishi Mahesh Yogi 1960 auf den nach Religion ausgehungerten Markt der menschlichen Möglichkeiten gekommen war.

Er gründete eine Gesellschaft der Weltregierung des Zeitalters der Erleuchtung zur Förderung der TM und der Wissenschaft der kreativen Intelligenz. Und diese Gesellschaft (GTM) wollte mit TM nichts Geringeres, als den Weltfrieden sicherzustellen. Selbstverständlich gab es auch eine

Internationale Universität von TM. Und die überall in den europäischen Städten ins Kraut schießenden Meditationszentren wurden von einer »Weltregierung für das Zeitalter der Erleuchtung«, die ihren Sitz in Seelisberg (Schweiz) hatte, mit ihren beträchtlichen Einnahmen verwaltet und gesteuert.

Was ist nun das Besondere der Meditationsmethode von TM? Der Meditationszögling erhält von seinem Lehrer ein Mantra, eine Art Losungswort – Mantra ist ein Sanskritwort und heißt ganz wörtlich »Denkmittel« –, das angeblich ganz auf ihn zugeschnitten ist. Wenn er sich nun auf dieses Mantra konzentriert, wenn er darüber »meditiert«, dann führt dies angeblich oder wirklich zu einer vertieften Selbsterkenntnis. Er steigt mit Hilfe des Mantra in sein eigenes Ich hinab.

Damit knüpft TM an die uralten Meditationstechniken der indischen Religionen an. Diese sind im Hinduismus wie auch im Buddhismus zunächst nichts weiter als (teilweise äußerst anspruchsvolle) Konzentrationsübungen. (Die buddhistische sattipathana Meditation heißt geradezu »Achtsamkeitstraining«.)

Carl Friedrich von Weizsäcker, der sich schon von jeher für diese Übungen interessiert hat, hat für den zerstreuten Menschen des Westens den Selbsterfahrungsbericht des indischen Guru Gopi Krishna zugänglich gemacht, der sich 37 Jahre lang täglich (!) in die imaginäre Lotusblume versenkte, ehe ihm die ersehnte Erfahrung mit dem Göttlichen zuteil wurde. Diese Methoden der Konzentration gelten dem eigenen Körper (Atem!) oder einem paradoxen Satz (Koan) oder eben der Lotusblume, jedenfalls einem Gegenstand, in den sich der Meditierende versenkt. Das Ziel der meditativen Erfahrung besteht gerade darin, mit dem Ge-

genstand so zu verschmelzen, daß das Bewußtsein, von diesem Gegenstand verschieden zu sein, verschwindet.
TM jedoch – das ist der wesentliche Unterschied zu den meditativen Techniken des Hinduismus und des Buddhismus – macht über das Mantra das eigene Ich des Meditierenden zum Gegenstand der Meditation, also die Selbstversenkung. Sie meint, so der europäischen Mentalität Rechnung tragen zu sollen, die die Wirklichkeit über das Ich des Menschen zugänglich macht. Aus Transzendenzerfahrung wird so transzendentale Erfahrung: der Meditierende kehrt bei sich selber ein. Es läßt sich ohne weiteres denken, daß bei dieser psychischen Selbstisolierung Gefahren für Seele (und Leib) entstehen können. Aber das ist vielleicht noch nicht einmal der entscheidende Punkt. Der entscheidende Punkt ist eher, daß die tiefe Sehnsucht nach religiöser Erfüllung, die auch den Menschen in Europa eigen ist und in bezug auf die ein Mensch auch besonders verletzlich ist, so publicityträchtig veräußerlicht wird.
TM ist ein typisches Mischprodukt aus indischer Religiosität und abendländischer, am wirtschaftlichen Erfolg orientierter Rationalität. Eine publikumswirksame Mischung, weil sie vorgibt, religiöse Erfahrungen könnten ohne den ganzen Einsatz der eigenen Person, dafür aber mit Geld erworben werden. Der wirkliche indische Reformhinduismus, der ganz wesentlich durch den Heiligen Sri Ramakrishna inspiriert wurde, weiß nur zu genau, daß der Tiefe indischer Religion in der Begegnung mit der westlichen Mentalität nur allzu leicht die Veräußerlichung droht. Wirkliche Meditation erhebt, wenn wir Sri Ramakrishna folgen, einen Ausschließlichkeitsanspruch. »Was habe ich früher bei der Meditation nicht alles geschaut! Ich habe klar gesehen: Vor mir war ein Haufen Geld, ein Schal, ein Teller mit Süßigkeiten,

zwei Mädchen mit Nasenringen. Ich habe meinen Geist dann gefragt: ›Geist, was willst du haben? Willst du etwas zu deinem Genuß haben?‹ Der Geist sagte: ›Nein, ich will gar nichts. Ich will die Lotusfüße Gottes, sonst gar nichts.‹« Konsequent hat Sri Ramakrishna deshalb auch den übernatürlichen Fähigkeiten, den siddhis, keinen religiösen Wert zuerkannt, weil bei ihnen immer die Gefahr besteht, daß die Lust am Sensationellen mit religiöser Erfahrung verwechselt wird.

Den religiösen Wert wirklicher Meditationsübungen aus dem Hinduismus oder dem Buddhismus wird auch ein Christ unbefangen zu würdigen wissen. Denn in solchen Übungen geht es letztlich immer darum, daß der Mensch sich an die Erfahrung Gottes ausliefert. Wo aber Meditationstechniken dazu dienen sollen, sich selbst oder gar Gott in den Griff zu bekommen, da wird sich das Halt (!) eines Christenmenschen deutlich vernehmen lassen. Für TM bleibt eigentlich nichts anderes als das Halt.

Heute tummelt sich TM vor allem auf dem Gesundheitssektor, klug wiederum die Gunst der Stunde nutzend. Unter dem Stichwort Ayurveda werden alte indische Naturheilverfahren, die darauf aus sind, Mensch und Kosmos ins Gleichgewicht zu bringen, auf die Menschen angewandt, die sich in ihrem Mißtrauen gegen die naturwissenschaftliche Medizin nur allzu leicht bestätigen lassen. Gewiß sind im Ayurveda alte, seit Menschengedenken erprobte Naturheilverfahren aufbewahrt. Und gewiß tut es bei einer Medizin, die ihre technischen Mittel in die Maßlosigkeit treibt, gut, an diese Naturheilverfahren zu erinnern.

Aber auch hier gilt, daß mit diesen Mitteln nicht alle Probleme gelöst sind. Die von Krankheit und Sterben schon gar nicht.

LITERATURHINWEISE

Reinhart Hummel, Gurus in Ost und West, Stuttgart 1984.

Sri Ramakrishna, Ein Werkzeug Gottes sein, Gespräche mit seinen Schülern, Zürich 1988.

Carl Friedrich von Weizsäcker, Die biologische Basis der religiösen Erfahrung, Frankfurt 1988.

M. M. Thomas, Christus im neuen Indien, Göttingen 1989. Aus diesem Buch ist besonders das Kapitel über Vivekananda, den Schüler Ramakrishnas (S. 74ff) wichtig.

HANSJÖRG HEMMINGER

Alternative Therapieszene und die Psychosekten

Unter einer Psychogruppe oder einer Psychosekte können sich die meisten Menschen wenig vorstellen. Aber daß es neben der fachlich anerkannten Psychotherapie eine alternative Psycho-Szene gibt, ist vielen bekannt, auch daß sich in dieser Szene therapeutische, esoterische und religiöse Methoden mischen. Aber was hat das alles mit Psychologie zu tun? Nun, die Psychologie befaßt sich mit dem Menschen, und sie verspricht die Veränderung menschlicher Erfahrungen, Eigenschaften und Schicksale. Dadurch wird es möglich, von psychologischen Methoden umfassende Hilfe gegen die Übel von Mensch und Welt zu erwarten. Die Psychologie wird mit Hoffnungen befrachtet, die eine Fachwissenschaft nicht erfüllen kann, sie wird zur Ideologie, manchmal sogar zur Heilslehre.

Psychosekten sind Gruppen, die psychologische Theorien und Methoden zu einer Ideologie machen, und die ihre Ideen in sektiererischer Weise vertreten. Meist bilden sie sich um eine Führungsfigur, die als »bester Therapeut der Welt« oder als Verkünder der einzigen therapeutischen Wahrheit verstanden wird. Die Anhänger werden mehr oder weniger von diesem Führer abhängig, und seine Lehre wird zu ihrer Lebensorientierung. Sie sagt ihnen, was für ihr Leben gut ist, was ihm Sinn gibt.

Der Inhalt der Ideologie stammt meist aus der humanistischen Psychologie oder der Tiefenpsychologie. Aber darauf kommt es eigentlich nicht an, es kommt auf die Hoffnungen

an, die an der Lehre und ihrem Vertreter hängen. In der neuseeländischen Gruppe »Centrepoint« wird zum Beispiel mit Methoden der humanistischen Psychologie versucht, zum verschütteten, eigentlichen Selbst des Menschen vorzustoßen. Man hat die Vorstellung, der Mensch müsse in einer Art Stammesgemeinschaft leben, ohne Privatbesitz, ohne erotische Exklusivität, aber mit allseitiger Hilfe und zärtlichem Austausch, um zufrieden zu sein. Da der durch Zivilisation und Familie verbogene Mensch dazu nicht imstande ist, muß er sich mit psychologischen Methoden seelisch umbauen. Und der Garant des Umbaus zum »neuen Menschen« ist der psychologische Guru.
Wie es mit dessen Selbstbewußtsein steht, kann man vom Centrepoint-Leiter Bert Potter erfahren. Der schreibt: »Was ist die Aufgabe des Guru? Nun, es ist schwierig, die Botschaft zu den Leuten rüberzubringen. Zu den meisten von euch rede ich nun neun Jahre lang, zu einigen länger. Und ihr habt die Botschaft noch nicht wirklich gehört ... Ich muß subtil vorgehen, ich muß mich anschleichen und euch in eine Lage versetzen, in der die Botschaft offensichtlich wird. Dann sagt ihr: Aha, das bedeutet das alles also ... Ich bin immer auf eurer Seite. Ich bin der eine Mensch, der nie gegen euch ist. Wahrscheinlich bin ich der einzige Mensch, den ihr in eurem Leben treffen werdet, der völlig auf eurer Seite ist, und der bereit ist, sich mit eurer Dummheit abzugeben und mit all den lächerlichen Dingen, die ihr euch selbst antut. Alles, was ich tue, ist für euch. Jede kleine Bemerkung, sogar die Nebenbemerkungen – achtet auf sie. Es sind alles Angebote an euch. Alles wird euch weiterhelfen ...« (Übersetzung Hemminger). Klarer kann man es kaum aussprechen, daß Bert Potter sich als absolute Autorität und Heilsvermittler für seine Anhänger versteht.

Solche Führergestalten gibt es auch bei uns. Centrepoint ähnelt zum Beispiel die AAO (Aktionsanalytische Organisation) des ehemaligen Kunstmalers Otto Mühl, ist aber viel größer. Ebenfalls ähnlich ist die kleinere »Bauhütte« des Dieter Duhm, ein Ableger der AAO. Eine andere Ideologie (auf der Grundlage Adlerscher Psychologie) hatte die sogenannte Züricher Schule des verstorbenen Friedrich Liebling, die in eine Reihe Kontroversen mit Ämtern, Wissenschaftlern, Journalisten, Studentenvertretern usw. verwickelt war. Am weitesten verbreitet war bis vor kurzem die DAP (Deutsche Akademie für Psychoanalyse) von Günter Ammon mit einer aus Psychoanalyse und Gruppendynamik hergestellten Ideologie. Sie erlebte in den letzten Jahren allerdings einen ständigen Zerfall.
Aber zahlenmäßig wichtiger als die großen Organisationen sind die kleinen, lokalen Gruppen und ihre Führer, die niemand vollständig überblickt. Nur ein Beispiel aus der letzten Zeit: Im Bremer Raum verursachte ein evangelischer Theologe namens A.W. Siebel einige Aufregung. Ihm war es gelungen, mit einer kuriosen tiefenpsychologischen Lehre namens Logosophie mehrere hundert Anhänger zu überzeugen. Daß auch viele religiöse Sekten (Transzendentale Meditation, Scientologie usw.) versuchen, als Anbieter in der Psycho-Szene neue Anhänger zu werben, sei nur am Rande erwähnt.
Die Vielzahl der lokalen Psycho-Gurus, Gruppen und Grüppchen geht fließend in die alternative Psycho-Szene über. Sie hat in der Regel keine sektenhafte Struktur, vielmehr geht es nach Marktgesetzen zu. Einer Vielzahl von Anbietern stehen Klienten und Kunden gegenüber, die Kurse, Seminare, Reisen und Vorträge aus dem Angebot auswählen, sich aber nicht an eine Person oder Lehre bin-

den. Auf diesem Markt herrscht keine psychologische Dogmatik, sondern völlige Beliebigkeit. Psychologische Techniken werden willkürlich dazu benutzt, um spirituelle (oder angeblich spirituelle) Erfahrungen zu machen, um die eigene Kreativität zu steigern, um etwas Interessantes zu erleben und – nicht zuletzt – um Hilfe in den vielen seelischen Nöten zu finden, an denen die fachliche Hilfe scheiterte, oder für die keine fachliche Hilfe zur Verfügung stand.
Zum Beispiel kommen Hypnosetechniken in der Reinkarnationstherapie vor. Mit ihrer Hilfe werden Menschen in angebliche »frühere Leben« versetzt. Sie kommen aber auch auf Entspannungs- und Meditationskassetten vor, die im Versandhandel vermarktet werden, um die berufliche Leistungsfähigkeit zu steigern. Sie dienen esoterischen »Astralreisen« in höhere Welten usw. Zur Zeit ist es so, daß es nahezu keine Mischung von Psychotechniken mit religiösen, esoterischen und okkulten Praktiken gibt, die es nicht gibt. Da wird Gruppendynamik im Stil der 70er Jahre betrieben, aber die Gruppen werden nach den Horoskopen eingeteilt, damit die Schwingungen stimmen. Da bietet eine Frauen-Selbsthilfegruppe eine spirituelle Therapie »Mysterien der Weiblichkeit« an. Da wird eine Gestalttherapie mit Mandala-Meditationen verbunden. Wie gefährlich es sein kann, wenn Menschen mit seelischen Problemen solchen aufwühlenden Erfahrungen ausgesetzt werden, darf man nicht übersehen. Schließlich handelt es sich meist nicht um eine Therapie im üblichen Sinn, um eine längere, verantwortliche Begleitung eines leidenden Menschen, sondern um flüchtige Begegnungen in Wochenendkursen, Seminaren und auf Erlebnisreisen. Hier wird viel seelisches Porzellan zerschlagen, gerade bei denen, die sorgfältiges Kitten nötig hätten.

Aber hat dieser Markt unbegrenzter Beliebigkeit auch eine tiefere religiöse oder weltanschauliche Bedeutung, oder lebt er nur von den Hoffnungen leidender Menschen, irgendwie Hilfe zu finden, und von der Suche unbefriedigter, zum Teil auch übersättigter, Menschen nach erregenden Erfahrungen? Es gibt in dieser Szene durchaus auch persönliches Engagement und Glaubenseifer, ohne daß es zum Sektierertum käme. Im Prospekt eines von der humanistischen Psychologie geprägten Zentrums lesen wir: »Werde zum Goldgräber in den Tiefen des eigenen Ichs! Ungeahnte Schätze können dabei ans bewußte Tageslicht gelangen. Die Reise zu dir selbst beginnt im Hier und Jetzt.«

Ähnlich wie in den Psychosekten – aber ohne den Guru und seine Lehre – soll das gute Leben durch die Kehrtwendung nach innen, durch die psychologische Erkundung und den gezielten Umbau der eigenen Person erreichbar werden. Nicht wenige Menschen machen sich auf die Suche nach dem Sinn im Innern, auf den »Psycho-Trip«, durchlaufen eine Erfahrung nach der anderen, und lassen dabei vorige Bindungen und Ziele hinter sich zurück. Das Ende dieses Trips kann Enttäuschung und Ernüchterung, aber auch Verzweiflung sein. Der neue, im Hier und Jetzt ruhende, rundum sensible und damit glücksfähige Mensch bleibt ein Phantom, das sich allen Anstrengungen entzieht.

Der »Psycho- und Wohlfühlmarkt« bietet also neben der Vielfalt der Hilfs- und Erlebnismöglichkeiten auch Antworten auf Lebensfragen. Von daher wird er für viele Menschen zur religiösen Erfahrung. Aber er scheint nicht für alle Schichten der Bevölkerung gleich anziehend zu sein. Arbeiter und kleine Angestellte, technische Berufe, sehr junge und alte Menschen finden sich wenig. Die Szene wird von Menschen mit höherer Bildung geprägt, die aus geistes-

wissenschaftlichen und helfenden Berufen kommen, und die das Studentenalter meist hinter sich haben. Viele von ihnen verstanden und verstehen sich als alternativ und progressiv.
Daher finden sich die Angebote dieses Marktes überwiegend in den »Szenenblättern«, in den Kleinanzeigen der Stadtzeitungen, als Handzettel in ökologischen Lebensmittelgeschäften und esoterischen Buchläden, in New Age-Zeitschriften und natürlich im Anzeigenteil der Illustrierten »Psychologie heute«. Wer einen Überblick gewinnen will, sollte dort hineinschauen. Als Fachmann – und vielleicht auch als gläubiger Christ – hat man es schwer, auf die krause Vielfalt nicht herablassend oder spöttisch zu reagieren. Und sicherlich kann man Quacksalberei, Geschäftemacherei, Abhängigkeit und Sektiererei beim Namen nennen. Aber man sollte auch die große Not im Blick behalten, die sich in dieser Szene widerspiegelt: Nicht nur seelische Krankheit im engeren Sinn, sondern die Isolation des Großstadtmenschen, das Fehlen verläßlicher Bindungen, Existenzangst, Liebeshunger und Glaubenssehnsucht. Wann immer man dem leidenden einzelnen begegnet, geht es nicht um fachliche und fromme Urteile, sondern um kundige und glaubwürdige Antworten aus der Erfahrung mit dem Evangelium heraus.

LITERATURHINWEISE

Gilda Boysen, Haut über Kopf, Augsburg 1988.
Gilda Boysen, Hansjörg Hemminger, Gottfried Küenzlen, Im Sog der Psychoszene, Stuttgart 1988.
Hansjörg Hemminger, Vera Becker, Wenn Therapien schaden, Reinbek 1984.
Hansjörg Hemminger, Das therapeutische Reich des Dr. Ammon, Stuttgart 1989.

WALTER SCHMIDT

Atheismus

»Gott ist tot.« Mit dieser unerhörten Botschaft stürzt Nietzsches »toller Mensch« auf den Markt; und nach ihm stürzen die »Mörder Gottes«, die »den ganzen Horizont wegzuwischen vermochten«, in einer Welt ohne Zentrum, Sinn und Ziel nach allen Seiten auseinander. Seit dieser kopernikanischen Revolution rollt der Mensch aus dem Zentrum ins Ungewisse, in dem das menschliche Dasein »noch beliebiger« geworden ist. Damit steht der Nihilismus als »dieser unheimlichste aller Gäste« vor der Türe, um die Geschichte der nächsten Jahrhunderte zu bestimmen. »Gott starb: nun wollen wir, daß der Übermensch lebe.« Das hybride Herrschaftsprogramm des modernen Menschen war geboren.

Nietzsches Schlüsselwort vom »Tod Gottes« und Martin Bubers »Gottesfinsternis« bezeichnen als Signatur der Gegenwart den atheistischen Befund der Neuzeit: »Gott« wird abgedrängt, unnütz und ersetzt. Die »Macht Gottes« ist zum »Wissen des Menschen« geworden. Wissen ist Macht – und Machenkönnen, und der »Wille zur Macht«, das Streben nach unbedingter Übermacht, der Herrschaft des »höheren«, neuen Menschen über den »niederen«, alten Gott.

Die atheistische Bestreitung bzw. Verneinung Gottes ist erst für das Denken der Neuzeit charakteristisch, aber als »Atheisten« wurden bereits in der griechischen Antike Menschen bezeichnet, die die herrschende Religion und deren staatlich anerkannte Götter in Frage stellten. Dementsprechend galten auch Juden und Christen ihren frommen Zeitgenossen oft als solche »Atheisten«. Zudem wurden sie angeklagt, weil sie die Teilnahme am öffentlichen Staatskultus des römischen Imperiums aus Gründen des Glaubens ablehnten. Im modernen Sinne allgemeiner Gottesleugnung bzw. Gottlosigkeit taucht der Begriff Atheismus erst im 16. und 17. Jahrhundert im europäischen Denken auf und entwickelte sich hier als höchst vielschichtig und äußerst schillernd. Der neuzeitliche Atheismus ist indes seiner Struktur nach Ablehnung des spezifisch monotheistischen Verständnisses Gottes im Christentum, also eigentlich Nicht-Theismus.

Solcher Atheismus kommt freilich auch in bedeutenden Religions- und Weltanschauungssystemen nichtchristlicher Kulturen vor: etwa in der klassischen hinduistischen Samkhya-Philosophie, dem indischen Jainismus, dem Buddhismus und dem chinesischen Taoismus. In manchen dieser asiatischen »Hochreligionen« wird ein theistischer »Hochgott« abgelehnt, relativiert oder transzendiert, und dies nicht aus einer materialistischen Grundanschauung, sondern aus tiefster Religiosität. Die populäre Gleichsetzung von Atheismus und Materialismus ist also auch religionsgeschichtlich ebensowenig stichhaltig, sondern vielmehr irreführend wie die Gleichsetzung von Gott-los und Religionslos. Es geht hier nicht um die Leugnung jeder Art göttlicher Wesen, sondern nur um die Ablehnung persönlich vorgestellter Gottheiten.

Das markanteste Beispiel eines solchen in der Religionsgeschichte selbst auftretenden Atheismus ist der Buddhismus als bekannteste Ausprägung einer atheistischen Weltanschauung und Religion. Er lehnt zwar die Idee eines persönlichen Weltenschöpfers ausdrücklich ab, erkennt aber eine Anzahl von zu verehrenden und zu versöhnenden Göttern an. Diese sind indes weder unendlich noch ewig, sondern unterliegen – wenn auch wiedergeboren – dem Gesetz des Werdens und Vergehens; sie sind hineingebunden in den Geburtenkreislauf (*samsara*) aufgrund ihrer Taten (*karma*), sind also erlösungsbedürftig wie der Mensch selbst und haben deshalb keinerlei Einfluß auf das Leben von Mensch und Welt wie in theistischen Religionen.

Eine ähnlich innerreligiöse, aber gleichwohl Gott-lose Weltsicht findet sich in der Samkhya-Philosophie des Hinduismus. In ihr wird die Existenz eines höchsten göttlichen Wesens ausdrücklich verneint. Die Erlösung der Geistseele (*purusha*) aus der Verbindung mit dem leiblich-seelischen Dasein, das hineinverwoben ist in die Urmaterie oder Urnatur (*prakriti*), geschieht vielmehr durch die »Einsicht«, daß beide – Geist und Materie – wesensverschieden sind. Angestrebt wird also die totale Isolation ohne Bezug zu einem Absoluten oder Göttlichen.

Gleichwohl hat sich Atheismus in der neueren Geschichte nicht als innerreligiöse Skepsis, sondern wesentlich als Kritik der Religion als solcher entfaltet. Dieser Atheismus äußerte sich also vorwiegend als Religionskritik, und zwar als Kritik am Christentum. Atheismus als ausdrückliche Leugnung der Existenz Gottes ist also wesentlich ein nachchristliches und postreligiöses Phänomen, insofern er erst in der Neuzeit, und zwar im christlich-abendländischen Kulturraum, in großer Verbreitung auftrat: u.a. als wissenschaftlich-theoretischer (dialektischer) oder unartikuliert praktischer (säkularistischer), programmatischer (Feuerbach und Nietzsche), ökonomisch-politischer (Marx, Engels, Lenin), doktrinär-militanter (Stalin, Albanien), psychologisch motivierter (Freud), existentieller (Camus und Sartre), theologischer (Gott-ist-tot-Theologie) oder methodologischer (neuzeitliche Naturwissenschaft) Atheismus. In den westlichen Industrienationen artikuliert sich der klassische Atheismus in der Gegenwart weithin als unreflektierter Agnostizismus in der Form einer namen- und konturlosen Profanität des Sinnverzichts. Der militante Atheismus verliert immer mehr an Bedeutung zugunsten eines religiösen Indifferentismus, einer unbedingten Gleichgültigkeit und Sprachlosigkeit angesichts religiöser Fragen. Nicht mehr ein leidenschaftlicher Atheismus, sondern vielmehr ein leidenschaftsloser Agnostizismus prägt die Grundstimmung der Gegenwart und fordert den durch das Feuer der Religionskritik gegangenen und geläuterten christlichen Glauben zunehmend heraus.

»Ich kann nicht *ja* sagen, aber ich will auch nicht *nein* sagen« (Thomas Bernhard). In diesem »Gleichgewicht«, im bewußten Verzicht auf Letztfragen und letzte Antworten meinen viele Zeitgenossen leben zu können. Sie halten die Gottesfrage für unbeantwortbar und letztlich für ihr Leben nicht entscheidend und streben deshalb auch keine Entscheidung an. Daß dies vielen nicht gelingt, zeigen nicht zuletzt die aktuellen alternativen Angebote aus Asien und die Esoterik, die als New Age-Bewegung uferlos und bewußtlos geworden sind und zunehmend zur natürlichen Nahrung eines gegenwärtigen »religiösen Agnostizismus« werden. Dieser Agnostizismus als die Problemlast einer Theologie unter den Bedingungen der Neuzeit erfordert ein redliches Reden von Gott heute – und zwar jenseits von atheistischer Bestreitung –, aber auch theistischer Begründung.

Gott glaubwürdig »zur Sprache und zur Welt zu bringen« darf und kann nicht heißen: ein theistisches Gottesbild zur Geltung zu bringen. Die biblische Vorstellung vom verborgenen Gott bewahrt seine Geheimnishaftigkeit gerade in seiner Offenbarung. Er ist nie vorzeigbar-gegenständlich, sondern – zudem als Beziehungsgröße innerhalb der Trinität – immer dynamisch bewegend und geschichtlich handelnd, aber letztlich unergründlich und unbegreiflich. Ein »bekümmerter Atheismus« und ein »reflektierter Agnostizismus« sind offenbar nicht fern vom Geschehen von Golgatha: der Gottverlassenheit von »Gottes Sohn«, aber auch dem Geheimnis des »gekreuzigten Gottes«: dort, wo Gott in Jesus Christus für die Augen des Glaubens den Schleier seiner Liebe lüftet und sein Herz offenlegt.

LITERATURHINWEISE

Eberhard Jüngel, Gott als Geheimnis der Welt, Tübingen 1978.

Friedrich Mauthner, Der Atheismus und seine Geschichte im Abendlande, 4 Bde., Hildesheim 1963.

Wolfhart Pannenberg, Gottesgedanke und menschliche Freiheit, Göttingen 1972.

A. K. Wucherer-Huldenfeld – J. Figl – S. Mühlberger (Hrsg.), Weltphänomen Atheismus, Wien 1979.

KLAUS BANNACH

Anthroposophie: Der junge Steiner, die Philosophie der Freiheit

Rudolf Steiner (1861-1925) war kein religiöser Lehrer; er war auch nicht der Führer einer religiösen Bewegung, er war noch nicht einmal in erster Linie Philosoph. Er war Wissenschaftler, Naturwissenschaftler. Doch die Wissenschaften, die man damals betrieb, gehörten noch ganz in das Weltbild der klassischen Physik. Dieses Weltbild verstand Himmel, Mensch und Erde im Grunde immer noch wie ein großes Uhrwerk, in dem Rädchen für Rädchen ineinandergriff. Dieses Weltbild war deterministisch. Es ließ für die menschliche Freiheit keinen Raum. Dieses Problem war schon das große Thema der Philosophie Kants gewesen. Und der junge Steiner bemerkte schon in seinen ersten Semestern, daß der Mensch nicht in einer Welt leben kann, in der er nur funktioniert. Er braucht über die mechanistische Welt, über die bloße materiell verstandene Welt hinaus noch eine geistige Welt, denn er braucht Freiheit, Freiheit, die Welt zu gestalten oder doch wenigstens an ihr mitzugestalten. In einer Welt, in der sich alle Räder immer schon drehen, ist nichts mehr mitzugestalten. Da kommt die mitternächtliche Stunde, der Weltuntergang ganz von selbst. Und man weiß, daß er kommt, und kann doch nichts dagegen tun. Keine Freiheit, mitzugestalten. Wie Kant kann und will Steiner das Problem nicht lösen. Kant reißt ihm Natur (also das Uhrwerk) und Kultur (also den Menschen und seine Freiheit) zu sehr auseinander. Kant denkt dualistisch. Dabei ist

es doch sicher so (natürlich ist es so, siehe Umweltkrise!), daß der Mensch mit seiner gesamten Gestaltungsfreiheit (= Kultur) Einfluß auf die Natur nimmt.
Bei Goethe, dessen naturwissenschaftliche Schriften er in Weimar herausgibt, lernt Steiner die Natur mit anderen Augen sehen. Nicht mehr als Uhrwerk, sondern als Wachstums-, als Entwicklungsvorgang. Von der geregelten zu der sich entfaltenden Natur. Das Blatt einer Rose enthält bei Goethe schon die Knospe und die Blüte und umgekehrt. Alles entwickelt sich. Das ist eine Überzeugung, an der Steiner ein Leben lang festhalten wird und die er immer weiter ausbauen wird. Versteht man Natur als Entwicklung, dann lassen sich auch menschliche Freiheit und Natur zusammendenken. Denn dann treibt die menschliche Gestaltungsfreiheit die Entwicklung gleichsam voran, hat diese wiederum Einfluß auf die menschliche Gestaltungsfreiheit. So also sieht Steiner in seiner Philosophie der Freiheit (1894), das er als das einzige seiner Bücher der Nachwelt erhalten wissen wollte, falls alle seine anderen Werke durch irgend einen Umstand verloren gehen sollten, so sieht er in diesem Hauptwerk die Wirklichkeit des Menschen als Entwicklung an – wie einen Strom, der unaufhörlich sich in seinem Bett fortwälzt. So meint Steiner den überkommenen Dualismus Kants überwinden zu können. Aber das Interesse an der Freiheit, genauer, an der Gestaltungsfreiheit des Menschen, geht noch weiter.
Wie viele andere Denker des 19. Jahrhunderts, wie zuletzt Friedrich Nietzsche, nimmt Steiner an, daß das traditionelle christliche Gottesbild und die Freiheit des Menschen einander im Wege stehen. Einen Gott, der in der Geschichte handelt und so die Geschicke der Menschen lenkt, einen solchen Gott gibt es nicht. Denn der Mensch handelt. Das heißt

nicht, daß Gott aus dem Denken Steiners verschwunden wäre. Ganz im Gegenteil. Aber er versteht unter Gott oder besser, dem Göttlichen, nicht mehr den biblischen Gott. Bei Steiner ist das Göttliche sozusagen Bestandteil der sich ständig ändernden Wirklichkeit, eingewoben wie ein Goldfaden in ein Band, das von der Rolle läuft. Handeln muß der Mensch. Er allein. Er ist es auch, der die Welt zu seiner Welt macht, der sie aus den vielen Einzelelementen zu einer Welt zusammenfügt. Er tut es durch sein Denken. Das Denken des Menschen macht die Welt zu einer Welt. Und wenn wir jetzt sagen »der Mensch«, so ist die Menschheit insgesamt gemeint, »der Mensch« als Gattungswesen. Denn das Denken eint nach Steiner alle Menschen. Und alles, was die Menschen über die Welt denken und je gedacht haben und einander mitteilen und je mitgeteilt haben, alles dieses macht nach Steiner die Welt aus.

Hier taucht nun aber eine Schwierigkeit auf. Nämlich: gab es nicht schon vor den Menschen eine Welt? Gab es nicht Sterne, Pflanzen, Tiere, Wolken usw. längst ehe der Mensch da war? Ist die Entwicklung der Menschheit nicht nur ein Teil der Entwicklung der Welt? Wie aber kann es vor dem Menschen eine Welt geben, wenn erst der Mensch die Welt zur Welt macht? Steiner begegnet dieser Schwierigkeit mit der Behauptung: die Evolution des Menschen entspricht der Entwicklung der Welt, sie ist kein Teil dieser Entwicklung. Weil der Mensch der Schöpfer seiner Welt ist, muß er die Entwicklung der Welt von Anfang an begleitet haben. Steiner kann dies in der Philosophie der Freiheit noch nicht genauer ausdrücken. Erst die okkulten Vorstellungswelten der Theosophie werden ihm die Möglichkeit geben, die Welt/Menschheitsentwicklung genauer zu beschreiben. Steiner wird damit kein Theosoph oder gar ein Anhänger des Okkul-

tismus. Er bedient sich vielmehr dieser Ausdrucksmöglichkeiten, um seine eigene Sache zu sagen.
Wie wir von Gott reden können, darüber wird auch unter Christen nachgedacht. Nicht alle mögen »Herr« sagen. Nicht einmal »Vater unser« fügt sich in jeden Mund. Wieder andere stellen das biblische Bild Gottes ganz in Frage. Sie reden statt von einem persönlichen Gott lieber von einer »überpersönlichen Macht«, einem »mystischen Es«. Das entspricht in dieser Form wohl eher dem mystischen Raunen unserer Zeit. Aber es hat bedeutende Theologen gegeben (in unserem Jahrhundert z.B. Paul Tillich), die von Gott als von dem Sein selbst sprachen, von dem sich alles Seiende (das Geschaffene) unterscheidet. Demgegenüber ist es nun aber eine ganz seltsame Tatsache, daß der Begriff »Schöpfung« heute fast wieder in aller Munde ist. Überall, wo Politiker, Wissenschaftler, Journalisten deutlich machen wollen, daß das Haus des Menschen, daß die Natur mehr ist als die Naturwissenschaft erfassen und dann auch entsprechend manipulieren kann, überall da ist von »Schöpfung« die Rede. Überall da, wo man sagt, die Natur müsse vor den ökologischen Gefahren bewahrt werden, spricht man plötzlich von Schöpfung, verfällt man auch außerhalb des kirchlichen Bereiches plötzlich in die religiöse Beschreibung unserer gegenwärtigen Wirklichkeit. »Schöpfung bewahren« ist nicht mehr nur ein kirchliches Motto. Und jeder scheint zu wissen (oder doch zu ahnen), was mit Schöpfung gemeint ist.
Aber was ist Schöpfung? Man kann es am besten dem Psalm 104 entnehmen. Da wird die Herrlichkeit Gottes gepriesen, denn er hat den Himmel ausgespannt, er macht die Wolken zu seinen Wagen, die Winde zu seinen Boten, alles gehorcht ihm aufs Wort: die Urflut und die Berge und die Täler... Alle Naturerscheinungen werden also als Ausdruck von Got-

tes schöpferischem Willen angesehen. Gott verfügt über sie, und das macht sie zur Schöpfung, Gott verfügt über sie für seine Zwecke, und das bedeutet zugleich, daß sie dem Menschen und der Verfügungsgewalt seiner Wissenschaft entzogen sind. Gottes Wille drückt sich in der Schöpfung aus; deswegen funktioniert nicht alles nach Gesetzen, die der Mensch herausfindet oder vielmehr, deshalb erschöpfen sich die Naturerscheinungen nicht darin, zu funktionieren, wie es die Naturgesetze des Menschen vorsehen, deswegen gibt es in allen Naturerscheinungen noch Spielräume der Freiheit, hat der schöpferische Wille Gottes noch seine Geheimnisse parat. Wenn wir also heute von dem persönlichen Gott, den wir aus der Bibel kennen, reden, dann meinen wir den Gott, ohne den die Schöpfung nicht Schöpfung wäre. Rudolf Steiner meinte einen anderen Weg gehen zu müssen. Er kennt keine Schöpfung, deshalb kennt er keinen Schöpfer. Er kennt eine Entwicklung, in der das Göttliche seine Rolle spielte, allenfalls als Entwicklungsgesetz.

Man kann die Sache mit dem persönlichen Gott offenbar auf sehr vielfältige Weise verstehen; es gibt zahllose Modelle, das Verhältnis zwischen dem Menschen und einem persönlichen Gott zu beschreiben. Für uns protestantische Christen ist vor allem mein persönliches Verhältnis zu Gott in den Mittelpunkt des theologischen Interesses und der Frömmigkeit gerückt. Denn in dieser Beziehung spielt sich das Rechtfertigungsgeschehen ab, in dem der Mensch vor Gott und in bestimmter Weise dann auch vor die anderen Menschen gestellt ist. Noch heute geht es vor allem der evangelistischen Verkündigung darum, bei Menschen eine persönliche Beziehung zu Gott oder zu Jesus Christus zu erzielen. Daß aber Gott als Person eine Beziehung zu allen seinen Geschöpfen hat, das wurde häufig vergessen. Und man hat erst recht nicht danach gefragt, wie sich diese Beziehungen zueinander verhalten. Muß uns erst die Anthroposophie mit ihrer unbiblischen Auffassung von dem »Göttlichen« daran erinnern, wie wichtig es ist, unsere Wirklichkeit als Schöpfung zu verstehen?

WALTER SCHMIDT

Anthroposophie: Erkenntnis höherer Welten

Steiners Geisteswissenschaft berichtet »von Dingen und Vorgängen in einer Welt, die den gewöhnlichen Sinnen nicht zugänglich ist. Forschungen in diesem übersinnlichen Bereich sind schwierig. Anhand der von Steiner gegebenen Anweisungen ist es jedoch jedem Menschen möglich, Schritte in dieser Richtung auf dem anthroposophischen Erkenntnisweg zu tun. Mit genügend großer Ausdauer und Intensität bei der Ausführung der nötigen Übungen wird mancher soweit kommen, daß er aufgrund eigener Erfahrungen zumindest bestätigen kann: Die von Steiner erwähnte übersinnliche Welt gibt es.«

Wenn Anthroposophen dies immer wieder behaupten und für die Ausbildung der individuellen Erkenntnisfähigkeiten auf den anthroposophischen »Schulungsweg« verweisen, dann zeigt dies: Die anthroposophische Erkenntnistheorie ist grundsätzlich zuversichtlich, wenn auch nicht leichtfertig. Das hängt mit der Sonderstellung des »Denkens« in Steiners Theorien zusammen. Im Denken hat Steiner sozusagen den archimedischen Punkt gefunden, von dem aus sich die Welt zwar nicht aus den Angeln heben, doch in ihrem Wesen verstehen läßt. Er ist der Meinung, daß der denkende Mensch seine Gedanken nicht selber bildet, sondern im Denken »nur das Organ darbietet, durch das sich die Weltsubstanz aussprechen kann«.

Ein solcherart denkender Mensch ist »frei« geworden und

kann die Impulse seines Handelns »direkt aus der geistigen Welt« schöpfen. Das Eindringen in den »Grund der Welt« mittels eines so geschulten Denkens führt aber auch zu einer »neuen Ethik«: die Erkenntnistheorie wird zur Erkenntnispraxis. Die Steinersche »Geisteswissenschaft« will also durch und über Erkennen zum Tun und zur »sittlichen Selbsterziehung« führen.

»Schulungsweg«, »Erkenntnisweg«, »Erkenntnispfad«, »Geheimschulung«, »okkulte Schulung«, »esoterische Schulung«, »geistige Schulung«, »Geistesschulung« sind nach anthroposophischer Darstellung mehr oder weniger synonyme Ausdrücke für die Ausbildung höherer Fähigkeiten, die dem Menschen die Möglichkeit geben, »in der geistigen Welt zu Wahrnehmungen und Erkenntnissen zu kommen«. Diese »Schulung« ist erklärtermaßen das Kernstück der anthroposophischen Geisteswissenschaft, auch wenn es dazu keine ausgefeilte systematische Anleitung gibt. Rudolf Steiner hat diesen »Erkenntnisweg« zwar immer wieder, aber immer nur stückweise beschrieben, vor allem in seinen Schriften »Wie erlangt man Erkenntnisse der höheren Welten?«, »Die Stufen der höheren Erkenntnis« und »Die Geheimwissenschaft im Umriß«.

Charakteristisch für diese Schulung zum »übersinnlichen Menschen« ist dabei die Ablehnung von »Gurus«. Ein solcher »Führer« ist nach Meinung Steiners nicht nur hinderlich, sondern geradezu schädlich. Die »ernsthaften Bemühungen um übersinnliche Erkenntnisse« werden demgegenüber ganz in die »Freiheit des Geistesschülers« selbst gestellt.

Dahinter steht die Überzeugung der Anthroposophie, eine Wissenschaft zu sein, die genau so und so genau arbeiten will wie die Naturwissenschaft. Sie bedient sich dabei der menschlichen Seelenkräfte Denken, Fühlen und Wollen und schult sie mittels Konzentration und Meditation »zur Erkenntnis höherer Welten« und zur Ausbildung der dazu nötigen »seelischen Organe«. »Konzentration« bedeutet bei dieser »innerlichen Arbeit« das »bewußte Richten der Seelenkräfte auf einen bestimmten Bewußtseinsinhalt«, »Meditation« das »hellwache Ruhen und Verweilen darauf«. Die Stufen und Zustände dieser höheren Erkenntnis, die durch solche okkult-esoterische Schulung unter Inkaufnahme einer »Spaltung der Persönlichkeit/des Bewußtseins« erreicht werden sollen, nennt Steiner »Imagination«, »Inspiration« und »Intuition«.

Unter »Imagination« versteht Steiner ein »geistiges Schauen« von »seelischen Bildern«, etwa die »Anschauung des eigenen Lebenslaufs« im »mächtigen inneren Bild« (»Erinnerungstableau«, »Bildertableau«, »Lebenstableau«). In der weiterführenden Erkenntnisstufe der »Inspiration« muß der Übende ein »völlig leeres Bewußtsein«, eine innere Ruhe, eine »negative, saugende Über-Stille« herstellen, damit ihm von innen her »die geistige Welt« entgegentritt in Form von »geistigem Hören« oder »Lesen der verborgenen Schrift«. Ist der Schüler auf der Stufe der Imagination mit der »ätherischen Welt des eigenen Lebensleibes und des Kosmos« bekanntgeworden, so lernt er jetzt seinen »Astralleib und die Welt kennen, aus der die Kräfte dieses Leibes genommen sind«. Wurde er durch die Inspiration in das »Innere der geistigen Wesen« geführt, so dringt er in der höchsten Erkenntnisstufe seines gegenwärtigen Entwicklungszustandes, der Intuition, »in das geistige Innere dieser Wesen« selbst ein. Zugleich lernt er durch sie sein »wahres Ich« kennen.

Jeder Mensch der jetzigen Kulturepoche kann also gemäß

anthroposophischer Überzeugung nach Beherrschung der Steinerschen »geisteswissenschaftlichen Geheimschulung« völlig bewußt den »Weg in die höheren Welten« gehen. Durch »Imagination« erkennt und erlebt er die Astralwelt (Farben), durch »Inspiration« die Mentalwelt (Sphärenmusik) und durch »Intuition« die Kausalwelt (geistiges Sprechen und Einsicht in die eigenen Inkarnationen). Durch geistige Schulung bildet er »in seinen höheren Leibern« geistige und seelische »Wahrnehmungsorgane«, »Hellseherorgane« (»Geistesaugen und Geistesohren«) aus, die ihn befähigen, in den übersinnlichen Welten »wahrzunehmen«. Steiner nennt diese Organe auch »Lotusblumen« oder »*Chakras*« (Räder), weil sie sich dem übersinnlichen Schauen wie Blüten oder Räder mit Speichen darstellen und unter der Wirkung von okkult-esoterischen Übungen im Astral- oder Seelenleib »auszugestalten, aufzuhellen und zu drehen« beginnen. Ziel des Übungsweges ist, daß der Schüler die Tätigkeit seiner »Lotusblumen« wie der Bewegungen und Strömungen in seinem Ätherleib bewußt beherrschen und steuern lernt.
Letztlich aber lernt der solcherart »übende« Mensch im Aufstieg durch die drei Stufen des imaginativen, inspirativen und intuitiven Erkennens die im eigenen Lebensgang wirksamen Kräfte kennen: die »Tore von Geburt und Tod«, das »Leben in der geistigen Welt vor dem Geborenwerden und nach dem Sterben«, die »Geheimnisse der wiederholten Erdenleben« und der damit verbundenen »Gestaltung des eigenen Erdenschicksals« (Wiederverkörperung/Reinkarnation) und »die der Erde vorangehenden Verkörperungszustände unseres Planeten«. Alle Ergebnisse der Anthroposophie, so beschreibt und behauptet Steiner, seien auf diese Weise gewonnen worden! Wie weit es der einzelne Schüler

auf diesem langen Weg bringt, hänge indes »von seinen Anlagen« und der »Intensität seiner Bemühungen« ab.
Die Anthroposophie stellt also den Menschen und seine Möglichkeiten zur geistigen Entfaltung bewußt in den Mittelpunkt. In diesem spirituellen »Aufstieg«, dem »Übergang vom Diesseits der Sinnenwelt zum Jenseits der Geisteswelt« kann ihm nach einer »ganzen Anzahl von Prüfungen« sogar im »großen Hüter der Schwelle« die »Christus-Gestalt« als »erhabene Lichtgestalt« entgegentreten. Der »Weg in die geistige Welt« entpuppt sich somit letztlich als der alte »Theosophische Pfad«, lediglich »christianisiert«. Auch wenn sich der ehemalige Sekretär der deutschen »Theosophischen Gesellschaft« 1913 wegen dem »wiedergeborenen Christus« Krishnamurti von der hinduistisch geprägten Adyar-Theosophie getrennt und seine eigene Bewegung, die »Anthroposophische Gesellschaft«, gegründet hat – der esoterisch gedeutete Christus ist ein (wenn auch zentrales) »Schwellen-Phänomen« auf dem okkulten Weg des Menschen zu seiner eigenen »Vergeistigung«.

LITERATURHINWEISE

Jan Badewien, Anthroposophie. Eine kritische Darstellung, Konstanz 1985.
Andreas Binder, Wie christlich ist die Anthroposophie? Stuttgart 1989.
Bernhard Grom, Anthroposophie und Christentum, München 1989.
Rudolf Steiner, Wie erlangt man Erkenntnisse der höheren Welten, Dornach 1987.

KLAUS BANNACH

Anthroposophie: Geheimwissenschaft?

Rudolf Steiner ist Naturwissenschaftler. Aber die Naturwissenschaft beschäftigt sich nur mit Gegenständen der sinnlichen Erfahrung, Gegenstände also, die man anfassen, sehen, messen, wiegen kann. Darüber hinaus kann es – das ist allgemeine Überzeugung wissenschaftlich interessierter Menschen seit Kant – keine Wissenschaft geben, jedenfalls keine Naturwissenschaft. Nun besteht aber der Mensch nicht nur aus seinen an den Leib gebundenen Sinnen. Er besteht auch aus einer Seele und aus einem Geist. Und von diesen Erscheinungsformen des Menschlichen muß es, das ist Steiners Forderung, eine Wissenschaft geben, die wie die Naturwissenschaften zuverlässig und überprüfbar die »Seelenvorgänge« beschreibt, sozusagen eine Naturwissenschaft des Nichtsinnlichen, Übersinnlichen. Steiner nennt diese Wissenschaft »Geheimwissenschaft«, »Geisteswissenschaft« (denn der Bereich des Übersinnlichen liegt im Vergleich zum Sinnlichen sozusagen im Geheimen).

Ab 1912/13, dem Gründungszeitpunkt der Anthroposophischen Gesellschaft, heißt diese Wissenschaft auch Anthroposophie. Und sie gilt Steiner als Wissenschaft, so wie die Naturwissenschaft eine Wissenschaft ist, deren Ergebnisse von jedermann überprüft werden können, wenn er sich die nötigen Vorkenntnisse angeeignet hat; weltanschauliche oder religiöse Vorkenntnisse braucht er nicht! Deswegen sagt Steiner im Vorwort zu seiner 1910 erschienenen Geheimwissenschaft im Umriß: »Der Verfasser sagt es unumwunden: er möchte vor allem Leser, welche nicht gewillt sind, auf blinden Glauben hin anzunehmen, sondern welche sich bemühen, das Mitgeteilte an den Erkenntnissen der eigenen Seele und an den Erfahrungen des eigenen Lebens zu prüfen.«

Man muß also kein Anthroposoph sein, um Anthroposophie zu verstehen. Es genügen *»vorsichtige* Leser, welche nur das logisch zu Rechtfertigende gelten lassen«. Freilich erhebt sich nun jedoch die Frage, wie sich die sinnliche und die nichtsinnliche Wissenschaft zueinander verhalten. Steiner hat sich zu diesem Punkt immer wieder geäußert. Und immer in dem Sinne, daß die Geisteswissenschaft die Ergebnisse der Naturwissenschaft voraussetzt. In der Geheimwissenschaft tritt Steiner indes ganz ausdrücklich in Gegensatz zur Naturwissenschaft. Der Grund dafür ist leicht zu erklären. Steiners »Geheimwissenschaft« enthält nämlich seine Auffassung von der Entwicklung von Mensch und Welt, und diese ist im klaren Gegensatz zur naturwissenschaftlichen Evolutionslehre entworfen. Steiner hat in Darwins Evolutionslehre das materialistische Denken in letzter Konsequenz am Werk gesehen, den Gipfel der Geistvergessenheit. Wird bei Darwin der Mensch nicht vollständig abhängig von der Materie, wenn er sich im »struggle for life« (Kampf ums Dasein) aus niederen Lebewesen, letztlich ganz zurück bis zum Beginn der Schöpfung, aus der Ursuppe heraus entwikkelt? Steiner möchte diese Degradierung des Menschen zu einem Anhängsel der Materie wieder rückgängig machen. Deshalb läßt er die Evolution mit dem Menschen beginnen, mit dem Menschen, der sich von Anfang an in einer (Um)-welt befindet. Der Mensch freilich in dieser frühen Gestalt befindet sich sozusagen erst in einer Vorform, in der er auf

das Physische, das rein Naturhafte beschränkt ist. Und die (Um)welt ist erst eine Vorform der Erde. Und die Entwicklung schreitet voran, bis der Mensch hier auf der Erde mit seinem Leib die ganze Vielfalt an Beziehungen zur (Um-) welt, also zum Mineralischen, zu den Pflanzen und zu den Tieren ausdrückt und darüber hinaus noch im Vollbesitz seines Selbstbewußtseins ist.
Steiner bedient sich, um dies im Detail zu beschreiben, des esoterischen Menschenbildes der Theosophie. Aber er hat diese Begriffe ohnehin mehr und mehr in seinem Sinne geprägt und was er sagen will, ist auch ohne sie deutlich genug. Die Entwicklung führt schließlich auf Christus den Gekreuzigten zu, bzw. genauer durch ihn, das hohe »Sonnenwesen«, das »Mysterium auf Golgatha« ist diese Entwicklung überhaupt erst möglich. Christus hat in der Steinerschen Evolutionslehre eine zentrale Stelle. Durch Christus geht die Entwicklung des Menschen aber noch weiter – wieder im Zusammenhang mit entsprechenden Umwelten. Durch Christus ist diese Entwicklung nunmehr eine Aufwärtsentwicklung, ein Fortschreiten ins Geistige. Immer mehr streift der Mensch das Physisch-Materielle ab, um sich einst als reines Ich oder reines Bewußtsein mit Christus, dem großen Hüter der Schwelle, zu vereinigen. »Indem ... erfaßt wurde, daß in Christus Jesus der Idealmensch lebt ..., wurde das Christentum das Ideal der umfassenden Brüderlichkeit.«
Und diese Sicht der Evolution soll das Ergebnis wissenschaftlicher Forschungen sein? Natürlich, würde Steiner erwidern. Denn das Panorama dieser Evolution mit Christus im Mittelpunkt ist für den Geistesforscher unmittelbarer Gegenstand geistiger Erfahrung wie, sagen wir, der Gesang der Vogelarten Gegenstand sinnlicher Erfahrung für den

Ornithologen ist. Das heißt: wir können von Christus und seiner Bedeutung für die Menschheit unmittelbare Erfahrung, unmittelbares Wissen haben. Nur zu glauben wäre zu wenig. Der Glaube spielt in Rudolf Steiners Christusverhältnis keine Rolle.

Den Versuch, Glauben durch Wissen zu ersetzen, hat es in der Geschichte des christlichen Glaubens vor allem in der Anfangszeit immer wieder gegeben. Man nennt diese geistig-religiöse Bewegung »Gnosis« (»Wissen, Erkenntnis«). Gott auf dem Wege des Wissens näher zu kommen, hat seine besondere Attraktivität. Denn im Wissen oder in der Erkenntnis kann man Fortschritte machen. Zu glauben, also sich immer wieder Gott oder Jesus Christus oder dem Heiligen Geist anzuvertrauen – darin kann man keine Fortschritte machen. Da muß man jeden Tag neu anfangen. So wie man das Vertrauen zu anderen Menschen immer wieder ganz von vorn wagen muß – es wird nicht leichter, so oft man es auch probiert. Wissen und Erkenntnis aber kann man ansammeln, Stück für Stück. Und deshalb läßt sich auf dem Wissen so schön eine Theorie des religiösen Fortschritts, des spirituellen Wachstums des Menschen aufbauen. Und darauf kam es Rudolf Steiner ja an.

Nicht das Gnosis-Element in der Anthroposophie ist für evangelische Christen das große Problem. Denn man muß Gnosis bei Steiner nicht unbedingt der klassischen Gnosis aus der Frühzeit des Christentums zuordnen, also einer vor allem wegen ihres Dualismus eindeutig häretischen Bewegung. Gnosis heißt bei Steiner ja zunächst nicht mehr, als daß er den Wissensbegriff seiner Zeit auch auf die Felder der geistigen Erfahrungen überträgt. Problematisch an Steiners Sicht des Christentums ist für evangelische Christen aber der darin enthaltene Fortschrittsgedanke. Denn wenn es

einen spirituellen Fortschritt gibt, dann gibt es auch Menschen, die sich hinsichtlich ihrer spirituellen Reife, hinsichtlich ihrer moralischen Integrität voneinander unterscheiden. Und Steiner bejaht diese Folgerung ausdrücklich. Für ihn gibt es »Vollmenschen« und »Halbmenschen«. Für ihn unterscheidet sich Goethe von einem Neger in Afrika, nein nicht hinsichtlich seiner sprachlichen Fähigkeit, sondern hinsichtlich seiner menschlichen Entwicklung.
Gerade um solchen Folgerungen zu entgehen, haben die reformatorischen Väter, hat insbesondere Luther mit aller nur wünschenswerten Deutlichkeit bestritten, daß es so etwas wie einen spirituellen Fortschritt des Menschen gebe. Vielmehr sind alle Menschen vor Gott, also im Blick auf ihren spirituellen »Zustand« gleich. Deswegen der Glaube, der jeden Tag neu anfangen muß. Deswegen hat das Wissen, hat die Vernunft gerade in spirituellen Dingen nichts zu melden. Deswegen kein Unterschied zwischen dem Durchschnittschristen und dem Priester oder dem Mönch. Deswegen vielmehr das allgemeine Priestertum aller Gläubigen, das nicht nur in der Kirche für sozusagen demokratische Verhältnisse sorgen will, sondern das alle geistige Anmaßung und allen spirituellen Hochmut auf das Grundbekenntnis eines Christen zurückführen will: ich bin ein Sünder, den Gott trotzdem liebt.
Indes, so den tiefen Unterschied zwischen Anthroposophie und christlichem Glauben festgestellt zu haben, was die Entwicklung, den spirituellen Fortschritt angeht, heißt noch nicht, in dieser Frage das letzte Wort gesagt zu haben. Es gibt in der christlichen Überlieferung von dem großen Bischof von Hippo, Augustinus (gest. 430), an auch immer wieder die Frage, wie denn die Seele des Menschen zu Gott gelangen könne. Der erste General des Franziskanerordens

und unmittelbare Nachfolger von Franz von Assisi, Bonaventura (gest. 1274), hat sogar eine »Reisebeschreibung des Geistes zu Gott« (itinerarium mentis ad deum) geschrieben, in der durchaus ein stufenförmiges Näherkommen der pilgernden Seele zu Gott beschrieben wird. Solche Formen einer spirituellen Pilgerreise, wie sie auch Steiner auf seine Weise beschrieben hat, machen den Menschen weitgehend unabhängig von einer religiösen Institution. Sie verweisen ihn an sich selbst und der Arbeit an sich selbst, was den Menschen von heute sehr entgegenzukommen scheint. Vielleicht ist das einer der Gründe, weshalb die Anthroposophie gegenwärtig so viele Menschen überzeugt. Aber wiederum: die Spiritualität des einsamen Wanderers? Genügt das? Ist ein einziges Abendmahl nicht unendlich viel mehr?

Fragen über Fragen. Und das Gespräch mit der Anthroposophie darüber könnte lehrreich sein.

KLAUS BANNACH

Waldorfpädagogik

Im Spätsommer des Jahres 1919 entwickelte Rudolf Steiner vor den künftigen Waldorflehrern die Waldorfpädagogik. Am 7. September wurde dann die erste Freie Waldorfschule im Stadtgartensaal in Stuttgart unter dem Beifall von 1000 Gästen feierlich eröffnet. Ob von ihnen jemand geahnt hat, daß die Waldorfschulbewegung einmal zu einem gewaltigen Strom anschwellen würde, daß sie zu den erfolgreichsten Reformbewegungen in Deutschland gehören würde? Von Kritikern der Waldorfpädagogik, aber auch von den beiden christlichen Kirchen, ist gegen die Waldorfpädagogik immer wieder eingewandt worden, die Waldorfschule stelle eine weltanschaulich gebundene Schule dar, sie erziehe die Schüler, mindestens der Intention nach, zu Anthroposophen. Oder sie versuche, die Schüler mit der Lehre Steiners vertraut zu machen.

Aber in dieser Form ist die Behauptung bloße Propaganda. Sie widerspricht so sehr Geist und Buchstaben der Anthroposophie, daß es völlig verständlich ist, wenn Vertreter der Waldorfpädagogik sich immer wieder energisch gegen den Verdacht der Weltanschauungsschule zur Wehr gesetzt haben. Denn die Anthroposophie sieht das primäre Ziel ihrer Arbeit mit Menschen nicht darin, Mitglieder für die Anthroposophische Gesellschaft zu werben, sondern sie will von ihrer Sicht dazu beitragen, Menschen zu wahrem Menschsein zu verhelfen. Entsprechend möchte die Waldorfpädagogik die Entwicklung und Reifung der heranwachsenden Menschen fördern und nicht etwa Steineranhänger heranbilden. Denn die Anthroposophie versteht sich als *Wissenschaft* und nicht als Religion. Religionen missionieren. Wissenschaften bilden. Es ist deshalb kein Zufall, daß die gesellschaftliche Wirksamkeit der Anthroposophie vor allem im pädagogischen und therapeutischen Bereich in Erscheinung getreten ist. Hier geht es jeweils um den Menschen als Menschen, um Geist, Seele, Leib. Und die Entfaltung von Geist, Seele, Leib. Nichts anderes ist das Erziehungsziel der Waldorfpädagogik.

Aber nun macht die Waldorfpädagogik, wie jede Pädagogik und jede Wissenschaft, ob sie will oder nicht, *Voraussetzungen*. Sie macht *Grundannahmen*, geht von *Axiomen* aus. Die Waldorfpädagogik setzt Steiners Entwicklungslehre vom Menschen voraus. Und über diese Voraussetzung wird man füglich streiten dürfen (das gehört zu einer Wissenschaft), ja aus der Sicht des christlichen Glaubens streiten müssen, denn Steiners Menschenbild ist in dieser Sicht mit großen Problemen beladen. Er versteht nämlich den Menschen als ein langes, ganz langes Entwicklungsgeschehen, das in geistigen Welten beginnt, sich der Erde zuwendet, sich sukzessive verleiblicht, um wieder in geistige Welten zurückzukehren. Obwohl Steiner (durch den Karmagedanken) stark das Schicksalhafte des Menschwerdungsprozesses betont, kann der Mensch ihn dennoch durch Erziehung und Selbsterziehung beeinflussen.

Und diese Aufgabe übernimmt auch die schulische Erziehung, die Waldorfpädagogik. Sie will Erziehung zur Selbsterziehung sein. Und sie übernimmt dabei die verantwortungsvolle Aufgabe, zur Menschwerdung der ihr anvertrauten Schüler beizutragen. Man kann sich vorstellen, daß eine solche Aufgabe, das Menschsein von Menschen zur Entfaltung zu bringen, pädagogischen Elan und pädagogische

Phantasie weckt. Und Waldorfschulen genießen, was das angeht, nun auch einen besonders guten Ruf. Aber der Gedanke einer sich entwickelnden Menschlichkeit des Menschen hat nun eine höchst bemerkenswerte Kehrseite. Normalerweise unterscheiden wir Menschen uns voneinander nach unterschiedlichen Merkmalen, am häufigsten nach unseren Fähigkeiten. Bei Steiner und also in der Waldorfpädagogik unterscheiden sich Menschen in ihrer Menschlichkeit, denn die Menschen sind in der Entwicklung ihrer Menschlichkeit verschieden weit vorangeschritten, verschieden weit gebildet. Es gibt menschliche Menschen und weniger menschliche Menschen. Es gibt, wie Steiner sagen kann, Halbmenschen und Vollmenschen. Und Goethe und der Hottentotte (so Steiner mehrfach) unterscheiden sich voneinander nicht durch ihre Bildung oder ihre sprachlichen Fähigkeiten, sondern durch ihr Menschsein. In der Waldorfschule spielen diese Dinge eine entscheidende Rolle.
Der »karmische Standort« eines Schülers wird vom Lehrer intuitiv erfaßt oder zum Gegenstand der Besprechung in der »Pädagogischen Konferenz« gemacht. Da werden dann gegebenenfalls Maßnahmen beraten, die einen Schüler auf seinem Weg fördern sollen. Der Klassenlehrer konfrontiert den Schüler im Klassenverband mit dieser Maßnahme, die z.B. darin bestehen kann, daß er einen bestimmten Zeugnisspruch jeden Morgen vor der Klasse aufsagen muß. Wohlgemerkt, hier geht es nicht um die Beurteilung einer schulischen Leistung. Hier geht es um die Beurteilung des Charakters, des Menschlichkeitsgrades. Der Charakter eines Menschen wird nach diesem pädagogischen Konzept beurteilt und durch den Lehrer, den Steiner mit besonderer Vorliebe auch einen Künstler nennt, bearbeitet und geformt.
Der christliche Glaube bekennt, daß jeder Mensch ein Ge-

schöpf Gottes sei. Es gibt daher im Menschsein der Menschen keine Unterschiede. Und das Menschsein eines Menschen ist ein Geheimnis, das in keiner Weise manipuliert werden darf. Ein Obdachloser ist genauso ein Mensch wie der Chef der Bank, vor der der Obdachlose kampiert, oder wie der Ministerpräsident eines Landes. Diese grundlegende Überzeugung des christlichen Glaubens ist in alle modernen demokratischen Verfassungen eingegangen unter dem Titel der »Würde des Menschen«. Die Würde des Menschen ist etwas, was jeder Mensch hat, unveräußerlich hat, was ihm weder anerzogen noch aberkannt werden kann. Davon lebte Nelson Mandela in seinem südafrikanischen Gefängnis. Die Waldorfschulen sind gewiß gute Schulen. Sie leisten gute Arbeit. Und das wird man bald mit immer mehr Briefen dankbarer Ehemaliger belegen können.

Aber sie gehen mit Steiner davon aus, daß es höhere Menschlichkeit gibt, die man mit geeigneten Maßnahmen fördern könne. Dann gibt es auch »niedere« Menschlichkeit. Und zumindest das ist aus christlicher Sicht ein Irrtum.

LITERATURHINWEISE

Jan Badewien, Anthroposophie. Eine kritische Darstellung, Konstanz 1985.

Andreas Binder, Wie christlich ist die Anthroposophie? Stuttgart 1989.

Bernhard Grom, Anthroposophie und Christentum, München 1989.

Rudolf Steiner, Wie erlangt man Erkenntnisse der höheren Welten, Dornach 1987.

HANS-DIETHER REIMER

Zeugen Jehovas

Früher hießen sie »Ernste Bibelforscher«. Doch dieses Wort weckt falsche Vorstellungen. Wie viele, die sich mit ihrem strengen Bibelglauben allzu sehr brüsten, haben die »Bibelforscher« und späteren »Zeugen Jehovas« ein festgelegtes Schriftverständnis. (Von einem ernsthaften Suchen, Hören oder Bibelforschen kann keine Rede sein.) Wie sie anfangs ihrem Gründer und Führer, dem Pittsburgher Kaufmann Charles Taze Russell (1852-1916), in allem folgten, ebenso gehorsam folgen die heutigen Zeugen Jehovas ihrer »Leitenden Körperschaft« in Brooklyn, N.Y., die für sich in Anspruch nimmt, der einzige »Verbindungskanal« Gottes zu seinen treuen Zeugen zu sein. Von vornherein lehnen die Zeugen Jehovas jede Bibelauslegung ab, die woanders herkommt, vor allem, wenn sie wissenschaftlich-theologisch ist. Nur wo die Wissenschaft ihre eigenen Ansichten bestätigt, wird ihr Ergebnis zum Beleg herangezogen. Jeder, der einmal versucht hat, mit Zeugen Jehovas über die Bibel und den Glauben zu reden, spürte ihre rechtgläubige Art: entweder man stimmt ihnen zu, oder es kommt zum Streit.

Entscheidend für die gesamte Bewegung war der Beginn. Russell war 1870 einer adventistischen Splittergruppe begegnet, die für das Jahr 1872/73 die Wiederkunft Christi erwartete. Als diese nicht eintraf, suchte er nach einer Erklärung. Und da er ein sehr rational veranlagter junger Mann war, fand er eine solche Erklärung auch bald, die er dann zur Grundlage seines ganzen Systems machte. Er erklärte: 1872 seien 6000 Jahre Menschheitsgeschichte abgelaufen, damit beginne das 7. Jahrtausend, das Millennium (»Tausendjähriges Reich«). 1874 habe Christi »Zweite Gegenwart« begonnen – vorerst jedoch unsichtbar. Einige Jahre später hieß es dann, Christus habe 1878 seine Herrschaft angetreten. Zunächst müßten nun die wahren Gläubigen gesammelt werden. In seiner neugegründeten Zeitschrift – heutiger Titel: »Der Wachtturm verkündet Gottes Königreich« – schrieb Russell, diese »Erntezeit« dauere 40 Jahre. 1914 werde endgültig das »Ende der Zeiten der Heiden« kommen, und dann sei »die volle Wiederherstellung des Königreiches Gottes« zu erwarten.

Als im Jahr 1914 Christus wieder nicht kam, um sein Reich auf Erden zu errichten, waren Russell und seine Anhänger sehr betroffen. Russell starb 1916. Sein Nachfolger, der harte Joseph F. Rutherford, bildete die Lehre um und schuf eine neue, straffe Organisation. Nun gilt, daß nicht 1874/78, sondern 1914 »das Königreich aufgerichtet« wurde, daß die »Schlacht von Har-Magedon« (Offb. 16, 16), d.h. die Vernichtung »dieses gegenwärtigen bösen Systems der Dinge«, (das sind die politischen und religiösen Mächte, einschließlich aller Kirchen), kurz bevorsteht und daß dann das Paradies auf Erden wiederhergestellt wird. Letzteres wurde für 1925, in gewisser Abwandlung dann für 1975 erneut verkündet und erwartet.

Die Zeugen Jehovas stellen keine Kirche oder Gemeinde dar. Die »Organisation«, der sie angehören, bezeichnen sie selbst als »die Gesellschaft« und meinen damit »Die Wachtturm-Bibel- und Traktatgesellschaft« – ein Schriftenmissions-Unternehmen also. Sie verstehen sich als »Dienstkörperschaft«. Als »Zeuge Jehovas« gilt nur, wer »aktiv im Zeugendienst steht«; nur aktive Zeugen werden gezählt (1989 weltweit 3,5 Millionen, in Deutschland: 129 000). Eine Mit-

gliedschaft jedoch gibt es weder bei der Gesamtorganisation noch bei den einzelnen Ortsgruppen (Versammlungen).
Die Lehre, die die Zeugen Jehovas in ihren beiden Zeitschriften »Der Wachtturm« und »Erwachet!« und in zahlreichen Büchern verbreiten und die sie als Missionare von Haus zu Haus geltend machen, scheint biblisch zu sein. Und doch sind hier gegenüber der biblischen Verkündigung die Gewichte gänzlich verlagert. Praktisch sind es vier Glaubenspunkte, die das Leben und Verhalten eines Zeugen Jehovas zutiefst prägen:

– An erster Stelle steht das für die allernächste Zeit erwartete »Ende dieses Systems der Dinge« mit der »großen Drangsal« und dem Gericht. Immer wieder wurden Berechnungen angestellt, wann diese gewaltigen Ereignisse eintreten werden. Es ist keine Frage: dies schafft Ängste und führt zu dem Bedürfnis, sich unter allen Umständen richtig zu verhalten. Denn nach der Wachtturm-Lehre werden nur die »wahren Anbeter Jehovas« die apokalyptischen Schrecken überstehen.

– Des weiteren geht es um die »Wahrheit, die zu ewigem Leben führt«. Für Zeugen Jehovas ist die Wahrheit also eine Lehre (Doktrin), die allein im »theokratischen« System der Zeugen Jehovas gültig übermittelt wird. Das führt zu einer Gehorsamshaltung und streng gesetzlicher Ausrichtung: die »Wahrheit« muß auf jeden Fall richtig geglaubt und gelebt, die Gesetze Gottes müssen streng eingehalten werden. Selbst die »Enthaltung von Blut« gehört dazu, was praktisch die Ablehnung von Bluttransfusionen bedeutet, wozu die Zeugen Jehovas aufgefordert werden.

– Von zentraler Bedeutung ist das Gebot, sich von der »Welt«, die vom Teufel regiert wird, und vom »Babylon der Großen« zu trennen. Mit letzterer sind die »Religions-Organisationen« gemeint, zu denen besonders auch die christlichen Kirchen gehören, die in die Nähe des Heidentums gerückt werden. In diesem Lehrpunkt liegt die große Furcht der Zeugen Jehovas begründet, sich mit »heidnischen Zeremonien zu verunreinigen« (so feiern sie weder Geburtstag, noch Weihnachten und Ostern, lehnen das Kreuz als Symbol ab). Und sie wollen nicht an einem »teuflischen System« mitwirken; daher findet man kein soziales, gesellschaftliches und politisches Engagement bei ihnen.

– Die farbig ausgemalte Hoffnung auf ein künftiges Paradies auf der gereinigten Erde animiert die Zeugen Jehovas, sich ganz auf diese kommende Welt auszurichten. Kritiker freilich und vor allem auch ehemalige Zeugen Jehovas, die aus dem System wieder ausgestiegen sind, sehen deutlich, daß diese ständig geschürte Zukunftshoffnung im Grunde ein Mittel in der Hand der verantwortlichen Führer ist, um die Zeugen bei der Stange zu halten. Denn die »Gesellschaft« selbst bietet ihnen nichts. Sie fordert nur. Und mittels der von ihr in Aussicht gestellten göttlichen Belohnung für alle Mühsal des Dienstes kann sie von ihren Anhängern auch alles verlangen.

Wenn wir nun fragen, was uns die Zeugen Jehovas zu sagen haben, so merken wir bald, daß wir eigentlich nichts als Anknüpfungspunkt nehmen können, so sehr beherrscht der Gegensatz das Verhältnis. Eine lehrhafte Auseinandersetzung mit Jehovas Zeugen hat keinen Sinn, denn die Wachtturmdoktrin stellt ein gänzlich in sich geschlossenes System dar. Nur wenn bei Einzelnen ein wirkliches Fragen erkennbar wird, sollte man argumentieren. Viel wichtiger ist es, den eigenen Glauben zum Tragen zu bringen. Dieser ist nicht auf »Wahrheiten« gerichtet, sondern auf den persönlichen Herrn. Vor allem setzen wir in unserem Glauben nicht bei Forderungen und Glaubensleistungen an, sondern beim »Gnadengeschenk Gottes«, das Zeichen seiner Liebe ist, also auch uns zur Liebe befähigt. Es ist ein Glaube, der aus Liebe befreit.

Freilich, wenn wir zu einem Zeugnis eines solchen Glaubens aufgefordert sind, werden wir wohl alle die Erfahrung machen, daß wir bei uns selbst sogleich an enge Grenzen stoßen. Wir sind in der Bibel viel zu wenig zu Hause und sind es kaum gewohnt, unseren Glauben persönlich weiterzugeben. Und so mögen die Zeugen Jehovas uns in erster Linie dazu herausfordern, den uns geschenkten Glauben neu zu entdecken und ihn in unserem Leben überzeugender zum Tragen zu bringen.

LITERATURHINWEISE

Kurt Hutten, Seher, Grübler, Enthusiasten, Stuttgart 1982[12].

Hans-Diether Reimer/Oswald Eggenberger, ... neben den Kirchen, Konstanz (1979) 1990[9].

H. Jürgen Twisselmann, Vom ›Zeugen Jehovas‹ zum Zeugen Jesu Christi, Gießen 1980[5].

Laufend berichtet der ›Materialdienst der EZW‹ über Zeugen Jehovas.

HANS-DIETHER REIMER

Neuapostolische Kirche

Sie ist nach der katholischen und evangelischen Kirche die größte christliche Konfession in unserem Land (wenn man die orthodoxen Christen, die aus dem Ausland zu uns gekommen sind, außer Betracht läßt). Etwa 500 000 Mitglieder zählt die Neuapostolische Kirche in Deutschland – weltweit über vier Millionen: das Wachstum in den letzten 15 Jahren war enorm. Es gibt Orte in Württemberg, wo ebenso viele neuapostolische wie evangelische Christen wohnen. Die Neuapostolischen errichten auch ausgesprochen schöne Kirchen, und sie haben, wie Kirchen und mehrere Freikirchen, den Status einer »Körperschaft des öffentlichen Rechts«.

Die faszinierende Anfangsgeschichte dieser Glaubensgemeinschaft liegt vor ihrer eigenen Gründung: Die Neuapostolische Kirche ist Nachfolgeorganisation der in den 30er Jahren des letzten Jahrhunderts in England entstandenen katholisch-apostolischen Gemeinschaft. Ähnlich den Mormonen verstand sich auch diese als »wiederaufgerichtetes Erlösungswerk unseres Herrn« kurz vor seiner Wiederkunft, doch stand sie dabei auf einer ganz anderen Grundlage. Die »Endkirche« müsse der »Urkirche« wiederum entsprechen, so war die Überzeugung. Also ging man daran, die neutestamentlichen Ämter peinlich genau wiederherzustellen, vor allem das zwölffache Apostelamt. Das Wort »katholisch« wurde in den Titel aufgenommen im Sinn von »einzig und weltumspannend«; denn die Führer dieses exklusiven Neuerungswerkes traten mit ihrem Kirchenmodell vor die kirchlichen und weltlichen Häupter ihrer Zeit mit der Erwartung, die Weltchristenheit ließe sich nun in die vorgeschlagene Gestalt verwandeln und wieder einigen. Sie waren also auf die traditionelle Kirche, nicht auf eine neu zu schaffende Kirche hin ausgerichtet. Doch wurden sie in ihrer Erwartung bitter enttäuscht, sie wurden (verständlicherweise) als Außenseiter behandelt. Als dann 1855 die ersten Apostel starben, gewannen die übrigen nicht den Mut, Nachfolger ins Apostelamt zu wählen. Vielmehr wurden sie überzeugt, daß der Herr sein »Kirchenmuster« nun wieder zurückziehen wolle, bis er auf neue Weise wirken werde. So verwaisten seit 1900 sämtliche Priesterämter, die alle von Aposteln besetzt werden mußten, und die einstmals so große Gemeinschaft (in Deutschland war sie Jahrzehnte hindurch die größte christliche Sondergruppe) schrumpfte bis auf geringe Reste zusammen.

Schon im Jahr 1863 entstand in Hamburg eine Abspaltung: die »Allgemeine christliche apostolische Mission«, seit Anfang unseres Jahrhunderts dann »Neuapostolische Gemeinde« (später »Kirche«) genannt. Sie schlug neue Wege ein, und der Charakter der Gemeinschaft veränderte sich stark.

Es waren vor allem einfachere Leute, die sich in dieser patriarchalisch-konservativen Apostelgemeinde wohlfühlten. Die liturgischen Gottesdienste wurden zu Predigtversammlungen mit Gemeinde- und viel Chorgesang umgewandelt. Die beachtliche geistlich-theologische Arbeit der früheren Gemeinschaft hörte auf. Man fühlte sich nun als eine Glaubensfamilie, die, von der Welt und den übrigen Kirchen sich streng absetzend, eng zusammenhält und von ihren Hirten emsig im Glauben »geweidet« d.h. auch: kontrolliert – wird.

Der entscheidende Glaubenspunkt der neuapostolischen Christen ist das wiedererrichtete Gnaden- und Apostelamt, welches das Heil vermittelt. Die heute schon über 170 Apostel in aller Welt haben im Stammapostel ihre Spitze. Er wird wie ein Stellvertreter Christi aufs höchste geachtet. Sein Wort gilt als »Gottes Wort für unsere Zeit«; es wiegt praktisch mehr als das (historische) Bibelwort. Deshalb wird die Bibel auch nicht studiert (die Amtsträger haben keine besondere biblische und theologische Ausbildung), und es wird nicht über biblische Texte gepredigt. Lediglich einzelne biblische Verse werden den Ansprachen zugrunde gelegt. Zwar verkündet der Stammapostel keine Dogmen – das katechismusartige Büchlein »Fragen und Antworten« ist vom Apostelkollegium für den Religions- und Konfirmandenunterricht verfaßt worden –; aber er gibt zusammen mit den übrigen Aposteln doch mehr oder minder verbindliche Weisungen für das ganze Leben der neuapostolischen Christen.

Das wurde problematisch, als der 80jährige Stammapostel Johann Gottfried Bischoff 1951 verkündete, er sei der letzte, nach ihm komme keiner mehr; der Herr werde noch zu seinen Lebzeiten erscheinen. Diese »Botschaft« stiftete viel Verwirrung, führte zu Spannungen und Abspaltungen. Als Bischoff dann im Jahr 1960 starb, blieb die von den Kritikern erwartete große Enttäuschung und Austrittswelle aus: die enge Glaubensgemeinschaft, die nun vor dem Gespött der Leute zu einer Schicksalsgemeinschaft geworden war, bewährte sich. Und heute sind diese Ereignisse eine Episode in der Geschichte der apostolischen Bewegung, die längst der Vergangenheit angehört.

Es fällt uns wohl nicht leicht, ein kritisches Wort zu sagen zu einer Gemeinschaft, deren Kirchen allsonntäglich überfüllt sind, die eine wohlfunktionierende religiöse Lebensgemeinschaft darstellt. Manche Engführung, biedere, kleinbürgerliche Frömmigkeit, Gesetzlichkeit und autoritäre Führungsstruktur, Abkapselung, Bildung eines Elitebewußtseins mögen zu bedauern sein; all dies aber gibt es auch in unseren eigenen Gemeinden und Gemeinschaften. Wohl wird in der Neuapostolischen Kirche viel Zeit und Kraft für den religiösen und gottesdienstlichen Bereich aufgewendet; das erscheint uns vielleicht ungerechtfertigt, weil wir vorrangig praktisch, aktivistisch und humanitär ausgerichtet sind. Andererseits aber findet hier eine Stabilisierung der Gläubigen in religiöser und vor allem auch moralischer Hinsicht statt, die in einer durch Pluralismus und Medienkultur in hohem Maße destabilisierend wirkenden Zeit positiv zu bewerten ist.

Zwei Glaubenspunkte, die besonders uns evangelischen Christen zu schaffen machen, sollen aber doch kritisch angesprochen werden. – »Der Stammapostel ist für uns der unbewegliche Felsen, er ist das Vorbild, dem wir nacheifern.« – »So erfüllt uns Gotteskinder große Seligkeit beim Aufschauen zu denen, die uns gegeben sind, besonders zu dem Felsenamt im Stammapostel.« – »Die Bedienung durch unseren Stammapostel ist das höchste, was uns auf Erden zuteil wird.« Darf von einem irdischen Menschen, gleich welches Amt er innehat, so gesprochen werden? Nicht die Wiedereinführung des Apostelamtes ist das Ärgernis, sondern es ist der Anspruch, den es erhebt, und die Machtfülle, mit der es ausgestattet wurde. Die Folge ist die Abhängigkeit der Gläubigen von diesem Amt und ihren Trägern. Christus wird von seinen Stellvertretern zurückgedrängt – der alte reformatorische Vorwurf der »päpstlichen Priesterhierarchie« gegenüber wird hier erneut aktuell.

– Und der andere Punkt: Nicht nur als ein »exklusiver Familienclan« wurde die Neuapostolische Gemeinschaft in der Öffentlichkeit apostrophiert, sie wurde auch mit einem Haus verglichen, dessen Türen automatisch ins Schloß fallen. Wenn die Frommen in dieses Haus hineingehen – zu den häufigen Gottesdiensten und Versammlungen, aber auch bewußtseinsmäßig, indem sie sich dieser Kirche als Heilsgemeinde eingegliedert wissen –, dann steigen sie zugleich aus unserer Zeit und Welt aus. Sie lassen sie hinter sich, gehen nicht mit ihrer Kirche und ihrem Glauben zu ihr hin, um mitzuhelfen, das »Reich Gottes« zu gestalten. Die Neuapostolische Gemeinschaft ist nicht für jemanden oder für etwas da, sondern für sich selbst – und für das Jenseits. Damit kann sie uns mahnen, in unserer eigenen Glaubensgemeinschaft lebendiger und aufgeschlossener füreinander zu werden, zugleich aber, in enger Verbindung mit dem lebendigen Christus, eine »Kirche für andere« zu sein.

LITERATURHINWEISE

Kurt Hutten, Seher, Grübler, Enthusiasten, Stuttgart 1982[12].
Evang. Zentralstelle für Weltanschauungsfragen, Stuttgart: Sonderdruck aus dem ›Materialdienst der EZW‹ 1972-1985: »Artikel über die Neuapostolische Kirche«.

ANDREAS RÖSSLER

Adventisten

Bei der Gemeinschaft der Siebenten-Tags-Adventisten (= STA) handelt es sich nicht um eine »Sondergemeinschaft«, die sich durch einen sektiererischen Absolutheitsanspruch von allen übrigen Christen und Kirchen abhebt oder die bestimmte Sonderlehren vertritt, die nicht in der Bibel verankert sind und dem gesamtchristlichen Bekenntnis zum dreieinigen Gott und zur Erlösung durch Jesus Christus widersprechen. Die STA verstehen sich nicht als alleinseligmachende Kirche. Doch sehen sie, wie die meisten anderen Kirchen für sich auch, in ihrer Gemeinschaft die jetzt erreichbare Fülle der Glaubenserkenntnis und des Glaubensgehorsams gegeben.

Als evangelische Freikirche bejahen die STA das vierfache reformatorische »allein«: allein die Heilige Schrift (als Glaubensquelle) – allein Jesus Christus (als das lebendige Wort Gottes und der Grund unserer Erlösung) – allein die Gnade (als Weg zum ewigen Heil) – allein der Glaube (der die Gnade empfängt). Seit den Auseinandersetzungen auf der Generalkonferenz in Minneapolis 1888 wird bei den STA die reformatorische Rechtfertigungslehre betont, nicht zuletzt unter dem Einfluß der in hohem Ansehen stehenden Prophetin Ellen Gould White (1827-1915).

So weit reicht das Gemeinsame mit dem Gesamtprotestantismus. Was die STA als »reformatorische Endzeitgemeinde, deren Mitte Jesus Christus ist«, von den anderen konfessionellen Überlieferungen und Denominationen (Glaubensgemeinschaften) unterscheidet, ergibt sich aus dem Namen

STA selbst: die Erwartung des »Advent«, der Ankunft Jesu Christi am Ende der Zeit, und die Beachtung des Sabbats (des Samstages) als des von Gott verordneten Ruhetags.
Die Erwartung der baldigen Wiederkehr Christi ist von Anfang an in der christlichen Kirche bekannt gewesen. Die frühe Christenheit war freilich in eine Krise geraten, als sich das Endgericht und die neue Welt verzogen. Der Zisterzienserabt Joachim von Fiore (1130-1202) kündigte den Beginn der 1000jährigen irdischen Herrschaft Christi auf das Jahr 1260 an. Martin Luther erwartete den »lieben Jüngsten Tag« für die nächste Zukunft. Der württembergische Prälat Johann Albrecht Bengel (1687-1752) errechnete den Beginn des 1000jährigen Reiches auf das Jahr 1836. So befand sich der amerikanische Baptistenprediger William Miller (1782-1849) in guter Gesellschaft, als er die Wiederkunft Christi für spätestens 21. März 1844 vorhersagte. Seine den Anbruch der Herrschaft Christi auf Erden erwartende Erweckungsbewegung ist der Ursprung oder wenigstens der direkte Vorläufer der STA. Nach dem Verstreichen des genannten Datums wurde der 21. Oktober 1844 als Termin der Wiederkunft Christi genannt. Dieser zweite Fehlschlag führte zur »großen Enttäuschung«, aus der die Adventisten schließlich aber doch gestärkt hervorgingen. Sie lernten aus den irrtümlichen Berechnungen und verzichteten seither auf alle konkreten Zeitangaben. Durchgehalten hat sich aber die gespannte Wachsamkeit, das Leben im Warten auf den wiederkehrenden Herrn und das Bewußtsein, daß unsere Welt vergänglich ist. Dabei sind die STA ein gutes Beispiel dafür, daß sich diese Grundhaltung nicht in einer Weltflucht niederschlagen muß. Mit ihrem weitverzweigten Schul- und Ausbildungssystem, ihren Krankenhäusern und Heimen, ihrer Gesundheitspflege (Rauchentwöhnungs-

kurse etwa) und ihren Reformkostprodukten wissen sich die STA mit ihren weltweit über sechs Millionen getauften Mitgliedern und über sechs Millionen weiteren Angehörigen durchaus mitverantwortlich für die Gestaltung des irdischen Lebens.

Eine für Nichtadventisten merkwürdige Sonderlehre ist die Auffassung, mit dem 22. Oktober 1844 habe die Endzeit im Himmel begonnen. Christus sei innerhalb des himmlischen Heiligtums in das Allerheiligste eingetreten. Dort verrichte er jetzt seinen Versöhnungsdienst. Er vollziehe dort seither auch das Gericht, indem er die Begnadigten von den Verworfenen scheide.

Den siebten Tag der Woche, den Samstag, als den im dritten bzw. vierten Gebot genannten Sabbat zu feiern, begannen einzelne Anhänger William Millers, darunter Ellen Gould White, in den Jahren 1845/46. Sie standen damit in der Tradition früherer christlicher »Sabbatisten«, etwa der Judenchristen um 100 oder der kleinen Gruppe der Siebenten-Tags-Baptisten aus dem 17. Jahrhundert. Das Sabbatgebot wurde ein entscheidendes Merkmal der STA, die sich ab 1863 als eigene Denomination organisierten und seit 1876 auch in Deutschland bestehen.

Die STA feiern am Sabbat ihre Gottesdienste, die mit einer »Sabbatschule« beginnen, nämlich Gruppengesprächen zu biblischen Themen und Texten, und die in einer ausführlichen Predigt gipfeln, umrahmt von Gebeten und Chorälen. Viermal im Jahr wird Abendmahl gefeiert, mit vorausgehendem Ritus gegenseitiger Fußwaschung. Nach Möglichkeit lassen sich Schulkinder vom Unterricht am Samstag befreien. Mit der Einhaltung des Sabbats wollen die STA dem Schöpfungswillen Gottes entsprechen, der nach 1. Mose 2, 1-3 am siebten Tag von seinen Werken ruhte, und der die

Zehn Gebote der Menschheit als unverbrüchliche Ordnung gestiftet habe. Zugleich dokumentieren die STA mit dem Sabbatgebot ihren freikirchlichen Charakter. Der Sonntag, so argumentieren sie, wurde als verbindlicher christlicher Ruhetag erst im Jahr 321 von Kaiser Konstantin und damit staatlicherseits eingeführt. Die Christenheit dürfe sich aber nicht vom Staat abhängig machen. Freilich ist den Adventisten hier entgegenzuhalten, daß schon in der Urchristenheit am Sonntag, »dem Tag des Herrn«, dem Tag der Auferstehung Christi, Gottesdienst gefeiert wurde.

Das Freikirchentum der STA drückt sich auch in der Abgabe des Zehnten und vor allem in der Ablehnung der Kindertaufe aus. Darin stehen die STA in der Tradition der Baptisten. Sie beschränken sich nicht nur, wie die Mennoniten, für sich selbst auf die Praxis der Erwachsenen- bzw. Gläubigentaufe. Wer in einer anderen Kirche als Kind getauft wurde und dann zu den STA übertritt, wird nochmals (nach Auffassung der STA: überhaupt erst jetzt) getauft.

Evangelisch-lutherische Christen können von den Adventisten manches lernen: die konzentrierte Ausrichtung auf den wiederkommenden Herrn, die Ernsthaftigkeit einer Lebensführung nach den Zehn Geboten, eine Ganzheitlichkeit, die auch auf eine gesunde Lebensführung mit Verzicht auf Suchtmittel aller Art pocht. Andererseits werden lutherische Christen den Adventisten zu sagen haben, daß die Wiederkunft Christi und das vollendete Reich Gottes auf unterschiedliche Weise vorgestellt werden können, daß der Geist des Sabbatgebots auch mit der Feier des Sonntags erfüllt wird, daß die Kindertaufe eine gültige Weise der Taufe ist und zudem die – allem unserem gläubigen Antworten vorausgehende – Gnade Gottes eindringlich zu veranschaulichen vermag.

LITERATURHINWEISE

Selbstdarstellungen

Kurt Eberhardt (Hg.), Was glauben die andern? 27 Selbstdarstellungen, Gütersloh 1977.

Hg. Gemeinschaft der Siebenten-Tags-Adventisten: Gelebter Glaube, Hamburg 1979.

Die Siebenten-Tags-Adventisten: Auf einen Blick (Faltblatt), 1990 (wird jährlich herausgebracht), 7302 Ostfildern 1, Senefelderstraße 15.

Kritische Darstellungen

Erich Geldbach: Freikirchen. Erbe, Gestalt und Wirkung, Bensheimer Hefte 70, Göttingen 1989.

Hans-Diether Reimer und Oswald Eggenberger, ... neben den Kirchen. Gemeinschaften, die ihren Glauben auf besondere Weise leben wollen (Bibel-Kirche-Gemeinde, Band 12), Konstanz 1986[6].

Paul Schwarzenau, Ein evangelischer Theologe spricht über die Siebenten-Tags-Adventisten (Broschüre), Zürich 1989[3].

HANS-DIETHER REIMER

Mormonen

Zu zweit kommen sie an unsere Wohnungstüren, junge Männer, die höflich unsere Aufmerksamkeit für eine religiöse Botschaft erbitten. Ihre auffallend korrekte Kleidung und oft ein fremdländischer Akzent verraten, daß es nicht Zeugen Jehovas sind, sondern Mormonenmissionare. Möglichst jedes männliche Glied dieser vor über 150 Jahren in Amerika gegründeten Gemeinschaft soll seine Ausbildung oder seinen Beruf für etwa zwei Jahre unterbrechen und auf Mission gehen.

Was die Mormonen uns bringen wollen, ist jedoch nicht lediglich ein religiöser Glaube, und schon gar nicht ein biblischer Glaube. Sie erzählen uns zugleich ein Stück irdische Geschichte, die in Amerika geschehen sein soll, die nur sie kennen und glauben, die kein Historiker bisher entdecken konnte. Vor allem aber laden sie ein, ihrer Gemeinschaft beizutreten, denn die Mormonen verstehen sich selbst als das Heilsvolk. Ihr Selbstverständnis ist exklusiv. Sie sind der Überzeugung, daß schon bald nach dem Tod der Apostel die Christenheit in einen »großen Abfall« geriet; dadurch verlor das Priesteramt seine Vollmacht, so daß die »Kirche Jesu Christi« buchstäblich wieder von der Erde verschwand. Der Schauplatz der neuen Heilsgeschichte ist nun Amerika. Hier erschien Christus nach seiner Auferstehung, ehe er in den Himmel aufgenommen wurde. Damals sollen dort Völker gelebt haben, die direkt von den Israeliten abstammten. Sie glaubten an Jesus Christus; und einer ihrer Propheten mit dem Namen »Mormon« hatte die religiöse Überliefe-

rung seiner Väter auf goldene Platten aufgezeichnet und vergraben, ehe sein Volk vernichtet wurde.
Eine lange heilsgeschichtliche Pause trat ein. In den 20er Jahren des vergangenen Jahrhunderts erschien dann dem jungen Farmersohn Joseph Smith (1805-1844) im Bundesstaat New York ein »Engel Moroni«, zeigte ihm die Steintruhe mit den unversehrten Goldplatten, und mit Hilfe einer beigelegten »Prophetenbrille« übersetzte der 23jährige die »reformiert-ägyptische« Schrift in 60 Tagen. Das soll dann das über 500 Seiten umfassende »Buch Mormon« ergeben haben, nach dem seine Gemeinschaft ihren Namen erhalten hat. Es gehört neben der Bibel zu den »heiligen Schriften« der Mormonen.
Nicht lange nach diesem Engelsbesuch erschienen dem »Propheten, Seher und Offenbarer« Joseph Smith mehrere Apostel aus dem Jenseits, auch Jesus Christus, ja Gott-Vater selbst, und übertrugen ihm und seinen Anhängern von neuem das göttliche Priestertum. Sie erhielten den Auftrag, die christliche Kirche »wiederherzustellen«, d.h. neu zu errichten. Diese ist identisch mit der Mormonengemeinschaft, die sich *»Kirche Jesu Christi der Heiligen der Letzten Tage«* nennt.
Das sind jedoch nicht die einzigen uns absonderlich anmutenden Überzeugungen der Mormonen. Aufgrund seiner Visionen lehrte der Mormonengründer auch, daß Gott einen »Körper aus Fleisch und Bein« habe, folglich auch jeweils nur an einem Ort sein könne; er wirke durch den Geist (spirit) als Medium. Auch sei er nicht der einzige, es gebe viele »Götter«; der »Vater« sei nur der erste und oberste von allen. Sein Sohn, der »Erstgeborene«, ist ein selbständiger Gott neben ihm; ebenso der »Heilige Geist« (Holy Ghost). Sie bilden eine Drei-Gottheit (deity), die in harmo-

nischer Übereinstimmung wirkt. Der »Sohn« hat dann zusammen mit noch weiteren göttlichen Helfern die Welt aus der ewigen Urmaterie gebildet (»organisiert«), er ist als »Jehova« der Gott des Volkes Israel gewesen und ist dann in der »Mitte der Zeiten« in Jesus Christus Mensch geworden.
Die Beschäftigung mit dem überaus farbigen Glauben der Mormonen zeigt, daß hier ein mythisch-legendärer Geist vorherrscht. Der Ansatz dieses Glaubens liegt nicht bei der geschichtlichen Gestalt Jesu von Nazareth, sondern in mythischer Vorzeit. In einer »himmlischen Ratsversammlung« vor Grundlegung der Welt, so heißt es, sei der Plan gefaßt worden, daß die präexistenten Geistwesen auf die Erde müssen, um hier einen leiblichen Körper zu erhalten, der für das ewige Leben notwendig sei, und um Erfahrungen zu machen, die nur auf Erden möglich sind. Damit sie sich auch wirklich in Versuchungen bewähren und sich für ein Leben nach den göttlichen Geboten entscheiden können, mußte das Böse in die Welt kommen. Der Sündenfall, der die »Erkenntnis des Guten und Bösen« brachte, war also vorgeplant und hatte durchaus sein Gutes: Adam und Eva priesen denn auch Gott darüber, daß alles so gekommen war. Auch daß dadurch der Tod in die Welt kam, war kein wirklicher Schaden, denn das Sühneopfer Christi, das die Auferstehung bewirkt, war auch schon geplant. Nun kann jeder Mensch, wenn er Glauben und Buße übt und in die Kirche Jesu Christi eintritt, im Diesseits und Jenseits aufsteigen und in der »Erhöhung« selbst Göttlichkeit (godhood) erlangen.
Alles in allem ist der Glaube der Mormonen von Grund auf optimistisch. Von der verkrampften Gesetzlichkeit mancher Glaubensgruppen unterscheidet er sich wohltuend. Die Mormonengemeinschaft ist fröhlich, arbeitsam, kinderreich, von unerschütterlichem Selbstbewußtsein erfüllt und

nicht zuletzt ein Bollwerk konservativer Tugenden in unserer krisenreichen Zeit. Wie in keiner anderen Religion wird hier die Familie hochgehalten, die als göttliche Einrichtung gilt. Sie ist Vorausbedingung für die »Erhöhung«: in den mormonischen »Tempeln« können Ehen und Familien für die Ewigkeit »gesiegelt« werden. Auch können verstorbene Familienglieder durch stellvertretend durchgeführte Totentaufen die Erlösung erlangen.

Fragt man Religionswissenschaftler, so bezeichnen diese den Mormonismus als eine in sich geschlossene nachchristliche (synkretistische) Religion typisch amerikanischer Prägung, die viele unterschiedliche Elemente in sich vereinigt hat. Die naive Selbstgewißheit der Mormonen und die verblüffende Selbstverständlichkeit, mit der sie ihren Glauben verkünden, machen es schwer, den Mormonismus zu beurteilen. So wollen wir abschließend drei Punkte unseres eigenen Glaubens anführen, die uns gerade angesichts des Mormonenglaubens deutlich werden können:

1. Eine Religion mit geoffenbarten Wahrheitslehren, göttlichen »Plänen« und Verordnungen, mit heiligen Büchern, Priestern und Tempeln, welche den Aufstieg zu himmlischer Vollkommenheit vermitteln, ist unser christlicher Glaube sicher nicht. In seinem Zentrum steht vielmehr das Evangelium, und das ist eine »Frohbotschaft«, die uns Gott in seiner gnädigen, befreienden und helfenden Zuwendung offenbart.

2. Der christliche Glaube ist kein Mythen- oder Legendenglaube; er gründet sich nicht auf Geschichten, sondern allein auf Jesus von Nazareth, in dem uns Christus erschien, wie die Schriften des Neuen Testaments uns bezeugen. »Auf seinem Angesicht« können wir die »Herrlichkeit Gottes« schauen (2. Kor. 4, 6). Er hat uns den Weg zum Heil eröff-

net, d.h. zu einem Leben aus der Kraft Gottes in der Nachfolge Jesu Christi.

3. Und die Bibel als unsere Heilige Schrift ist gewiß kein Buch, das mit den goldenen Platten der Mormonen zu vergleichen wäre. Sie ist vielmehr das geistgewirkte Zeugnis des Volkes Israel und der ersten Christen von dem Wirken Gottes in ihrem Leben, ein Wirken, das – der göttlichen Verheißung gemäß – sich bis heute fortsetzt und das uns fähig machen will, an ganz verschiedenen Orten und in der unterschiedlichsten Weise an dem Bau seines Reiches zu arbeiten.

LITERATURHINWEISE

Friedrich-Wilhelm Haack, Mormonen, München 1981[5] (in: Münchener Reihe) (Evang. Presseverband).

Kurt Hutten, Seher, Grübler, Enthusiasten, Stuttgart 1982[12].

Hans-Diether Reimer/Oswald Eggenberger, ... neben den Kirchen, Konstanz (1979) 1990[9].

Materialdienst der EZW: 1980, S. 159ff (150 Jahre Mormonenkirche) 1985, S. 188ff (geheime Tempelrituale); S. 196ff (die Glaubensüberzeugungen der Mormonen) und weitere Artikel.

KLAUS BANNACH

Geistliche Gemeindeerneuerung (GGE)

Zur Erneuerung der Kirche Jesu Christi gehört auch die Hoffnung auf die Beseitigung ihrer konfessionellen Grenzen, gehört die ökumenische Hoffnung. In den 60er Jahren war diese Hoffnung – angefacht durch das 2. Vatikanische Konzil – auch in Deutschland weit verbreitet. Die Sehnsucht nach einer Erneuerung der Kirche artikulierte sich vor allem ökumenisch. Das galt auch für die allerersten Anfänge der charismatischen Erneuerung, die sich damals sehr zaghaft und sehr im Verborgenen bemerkbar machten. Zwar hatte es schon zuvor vereinzelt Erfahrungen mit charismatischer Spiritualität gegeben (z.B. in der Bruderschaft Selbitz), aber erst jetzt verbindet sich mit dieser Spiritualität die Sehnsucht nach Erneuerung der Kirche. Und dies im ökumenischen Erwartungshorizont der 60er Jahre. Lebendig erhalten wurde diese Sehnsucht von einer Reihe von Pfarrern und hauptamtlichen Mitarbeitern. Sie waren 1963 von dem Pfarrer A. Bittlinger auf einer Tagung in Enkenbach für die charismatische Erneuerung gewonnen worden.
In den 70er Jahren trat die charismatische Erneuerung stärker an die kirchliche Öffentlichkeit. In fast allen Landeskirchen hatten sich charismatische Gruppen gebildet. Und so beschlossen charismatisch orientierte Pfarrer 1976 die Bildung des Koordinierungsausschusses der Charismatischen Bewegung in der Evangelischen Kirche in Deutschland.

1978 wählten sie den in Hamburg an St. Petri wirkenden Pfarrer Wolfram Kopfermann zum Vorsitzenden des Ausschusses. Mit diesen Vorgängen änderte sich aber auch völlig, was künftig in der charismatischen Erneuerung »Erneuerung der Kirche« heißen sollte. Die Hoffnung auf die ökumenische Erneuerung, also auf die Einheit der Christenheit, wurde (wie überall in der Kirche – weltweit!) fallengelassen. An ihre Stelle trat die Sorge um die Erneuerung der missionarischen Ausstrahlungskraft der Kirche. Jeder Christ sollte Nichtchristen zu Jesus Christus führen können, sollte das Evangelium verkündigen können – mit seinem ganzen Lebensvollzug. Erneuerung der Kirche heißt also: Wiedererlangung der missionarischen Ausstrahlungskraft der Kirche. Jeder Christ ist ein Missionar. Dazu macht ihn mit allen seinen Gaben der Heilige Geist, indem er bewirkt, daß die Menschen ihr Leben an Jesus Christus, den Herrn der Kirche, übergeben. Die Charismen, die für die pfingstlerische Frömmigkeit so wichtig gewesen waren, treten ganz hinter der »Lebensübergabe« zurück, hinter dem, was man im Pietismus bis auf den heutigen Tag ganz schlicht Bekehrung nennt.
Einige Jahre später (1981) stellt Kopfermann die Berechtigung des Wortes »charismatisch« ganz in Frage. Es käme doch auf die Erneuerung an, die durch das Wirken des Geistes entsteht. Und Erneuerung nach außen wird sichtbar im neuen Antrieb zur »Evangelisation, Mission und Zeugnis in der Kraft des Geistes«. Es war von daher nur folgerichtig, daß die charismatische Erneuerung 1984 ihren Namen änderte, das »charismatisch« strich und sich von da an Geistliche Gemeindeerneuerung nannte. Man unterschied sich so von der (katholischen) Charismatischen Erneuerung und brachte zugleich zum Ausdruck, daß Erneuerung durch den

Geist nicht primär etwas mit besonderen Gnadengaben, sondern mit der missionarischen Überzeugungskraft der Kirche zu tun habe.
Dem missionarischen Interesse entsprechend hat die GGE ihre Arbeitsformen entwickelt. Da gibt es auf Gemeinde- oder regionaler Ebene Einführungsseminare, in denen es um die Lebensübergabe geht, und Vertiefungsseminare, in denen die Konsequenzen der Lebensübergabe für das alltägliche Leben bedacht werden. Da gibt es schließlich Gemeindeaufbauseminare, in denen kirchliche Mitarbeiter für den Gemeindeaufbau geschult werden. Von großer Bedeutung aber im Blick auf die missionarische Wirkung wurden die Jahreskongresse der Geistlichen Gemeindeerneuerung. Man traf sich in großen Kongreß- oder Messezentren bei steigender Teilnehmerzahl in irgendeiner der größeren Städte (z.B. Nürnberg, Köln, Frankfurt) und bedachte ein geistliches Thema oder ein biblisches Motto in Gottesdiensten, theologischen Lehrveranstaltungen, workshops.
Ich habe an mehreren Veranstaltungen dieser Art als (kritisch) geschulter Theologe in der Rolle des Beobachters teilgenommen. An mehreren Stellen wurde ich jedoch immer wieder in das Kongreßgeschehen hineingezogen: In den Gottesdiensten; und in vielen Gesprächen, wenn einander fremde Menschen plötzlich aus ihrem Leben erzählten und sich dabei eine Führungsgeschichte des Heiligen Geistes vor meinen Ohren abspielte. Sonst benutzen wir ja in der Regel psychologische, gesellschaftliche oder auch politische Schemata, um uns mit einer Biographie auseinanderzusetzen. Hier aber war der Gang eines menschlichen Lebens Wirken des Heiligen Geistes. Man dachte in biblischen Zusammenhängen über das eigene Leben nach. Ich fand, das veränderte die Menschen.

Die Geschichte Gottes mit den Menschen setzt sich in jeder einzelnen Biographie eines Menschen fort, und so erzählen Menschen einander mit ihrer jeweiligen Biographie immer wieder ein neues Kapitel. Oder: jeder ist für den anderen Missionar.
Auch für die Planung der Kongresse nach außen rückt das missionarische Interesse immer mehr in den Vordergrund. Seit 1986 (Köln) stellt sich die GGE die Frage, ob nicht Zeichen und Wunder die Verkündigung des Evangeliums unterstützen, bestätigen, vielleicht sogar beglaubigen können. Zeichen und Wunder: darunter sind in erster Linie Heilungen zu verstehen.
Beim Thema »Zeichen und Wunder« geht es um die Frage, ob solche Zeichen und Wunder die Verkündigung des Evangeliums unterstützen können. Die GGE bejaht diese Frage. Sie arbeitet seit 1987 mit dem amerikanischen Theologen John Wimber zusammen, der – aus dem amerikanischen Evangelikalismus kommend – eine ganze eigene »Kirche« (Vineyard Gemeinden) mit dieser Art von vollmächtiger Mission (power evangelism) aufgebaut hat. Die Entwicklung der GGE hin zum missionarischen Verständnis von Kirche als das, was erneuert werden muß, ist somit einigermaßen konsequent. Sie ist der pietistischen Sicht des Auftrags von Kirche so nahe, daß man sich wirklich wundert, weshalb die Berührungen zwischen Pietismus und GGE bis auf den heutigen Tag schwierig geblieben sind, während die Landeskirchen der GGE wohlwollend abwartend gegenüberstehen. Für diese Schwierigkeit gibt es nun aber Gründe, theologische Gründe.
Auf diese Gründe stößt man, wenn man noch einmal genauer nach der »Führungsspiritualität« fragt. Wohin führt die Führungsspiritualität? Wie begleitet der Heilige Geist

ein menschliches Leben? Ein Vertreter der GGE würde auf diese Fragen vermutlich antworten: der Heilige Geist führt ein menschliches Leben zu Gott, dem Herrn über Tod und Leben. Und der Weg dahin ist ein Weg, auf dem das menschliche Leben gelingt, auf dem es reicher, spontaner, freier, gesegnet wird. Das ist die Erfahrung des Heiligen Geistes. Unheil wie etwa Krankheit ist allenfalls Durchgangsstation. Auf das Kreuz folgt die Auferstehung. Die Reformatoren haben die Art und Weise so zu denken eine Theologie genannt, die schon in dieser Welt nur die Herrlichkeit (Gottes und des Menschen) im Blick hat. Sie hält einer genauen Lektüre der Bibel nicht stand. Der Weg zu Gott führt nämlich nicht immer von Sprosse zu Sprosse nach oben. Der Weg zu Gott kann in die Einsamkeit und in die Wüste, in die äußerste Gottverlassenheit, durch die dunklen Nächte des Verzweifelns, schließlich zum schmählichen Tod führen.

Er führt in der Regel nicht dahin. Das ist wahr. Aber er *kann* dahin führen. Und auf solchen Wegen treten Erfahrung und Glaube an Gott auseinander. Wir müssen uns *gegen* die Erfahrung, gegen alle Erfahrungen, mit unserem Glauben an Gott festklammern. Und deshalb kann man den Glauben im letzten nicht auf Erfahrungen gründen, so wahr es ist, daß der Glaube seine Erfahrungen macht. Der Pietismus aber hat diese Dinge in unserer Kirche deutlich und klar im Bewußtsein. Das macht die beiden Brüder, die missionarisch um die Erneuerung der Kirche Jesu Christi in einem zentralen Punkt unseres Glaubens ringen, so uneins.

KLAUS BANNACH

Charismatische Erneuerung

Im Jahre 1900 erbitten in einer Bibelschule in Topeka (Kansas/USA) Bibelschüler, also junge Leute, unter Anleitung des ehemaligen Methodistenpfarrers Charles F. Parham die erfahrbare Herabkunft des Heiligen Geistes (Geisttaufe). Und der Heilige Geist wird tatsächlich für die Gruppe junger Leute erfahrbar: einige von ihnen beginnen in Zungen zu reden; bald folgen die anderen alle nach. Zungenreden – das ist ein zunächst unverständliches Lallen, das deshalb, wie Paulus weiß (2. Kor. 14, 2ff) das Gespräch eines einzelnen Menschen mit Gott anzeigt, aber für die Gemeinde geheimnisvoll, unverständlich bleibt. Nun aber erlebten dies mehrere Menschen gemeinsam, Pfingsten schien sich zu wiederholen, als die Jünger Jesu unter der Wirkung des Heiligen Geistes zu predigen begannen – in verschiedenen Sprachen. So nimmt mit den Ereignissen von Topeka die Pfingstbewegung ihren Anfang. Sie ist heute über die ganze Erde verbreitet und der Teil der Christenheit, der am schnellsten wächst. Zugleich hat es die Pfingstbewegung mit den etablierten Kirchen in Amerika und in Europa schwer gehabt, wie umgekehrt die Kirchen es mit der Pfingstbewegung schwer gehabt haben.

Die Schwierigkeiten liegen zum guten Teil in der Art und Weise, wie die Geisterfahrung, die Geisttaufe erlebt und beschrieben wird. Zunächst ist dabei klar und eindrucksvoll: der Mensch kann das Kommen des Geistes nur herbeibitten. Er kann nichts dafür tun, daß er kommt. Er kann ihn nur empfangen, kann sich für ihn öffnen. Und ist doch, wenn der

Geist kommt, passiv. Die Geisttaufe ist zunächst ganz streng ein Widerfahrnis. Gott allein handelt, wenn er dem Menschen gnädig ist. Die Pfingstbewegung hat hier die Bibel hinter sich (siehe z.B. die Geisterfahrung der Propheten, das Phänomen der Entrückung) und sie hat die Meinung der Reformatoren, insbesondere Luthers, hinter sich, der auch von der Passivität des Menschen ausging, wenn es um das Empfangen der göttlichen Gnade ging. Soweit, so gut. Die Schwierigkeiten beginnen jetzt.

Der Geist wird in seiner Wirkung nämlich als Kraft, als Energie verstanden. Und diese Kraft tritt äußerlich vornehmlich in der Zungenrede in Erscheinung, denn die Zungenrede gilt ja als der wichtigste Beweis für das Vorliegen der Geisttaufe. Oder anders gesagt: der Heilige Geist ist in erster Linie die Kraft oder die Energie, die die Zungenrede hervorbringt. Eine Kraft aber, die so eng mit einer gewünschten Wirkung verbunden ist, versucht der Mensch in seinen »Griff« zu bekommen, zu manipulieren. Wegen dieser engen Zuordnung von Heiligem Geist und ekstatischer Zungenrede stehen pfingstlerische Großveranstaltungen (etwa mit Predigern wie R. Bonnke) oder Gottesdienste immer in der Gefahr, die Kraftwirkungen des Geistes auf die Menschen zu manipulieren. Abgesehen davon, daß dies für die psychische Verfassung von Menschen problematisch sein kann, wird hier vergessen, daß der Heilige Geist in seinen Kraftwirkungen nicht aufgeht. Der Heilige Geist ist immer mehr als das, was er gerade bewirkt, seien es Zungenreden, seien es Krankenheilungen, sei es selbst die »Begeistung« eines ganzen Volkes (Hes. 37). Dieses Mehr nennen die Theologen die Person des Heiligen Geistes, die zusammen mit dem Sohn und dem Vater den Dreieinigen Gott bildet. Eine Person aber kann man nicht manipulieren wollen;

ihr kann man vielmehr nur mit Respekt und Achtung gegenübertreten. Wenn man also den Heiligen Geist als Person ernstnimmt, dann kann man seine Kraftwirkungen nicht hervorrufen wollen. Dann kann man sie nur erbitten und erflehen und überwältigt werden, wenn sie eintreten. So wie es seinerzeit in Topeka geschehen ist.

Gegen Ende der 50er Jahre kommt es, wiederum in den USA, abermals zu einem Aufbruch innerhalb des großen Stromes der Pfingstbewegung. Dieser Aufbruch heißt im allgemeinen charismatische Erneuerung (wenn man auch die neuen Werke, Bewegungen, Aktionen *außerhalb* der Kirchen meint, spricht man vom »neupfingstlerischen« Aufbruch). Die charismatische Erneuerung knüpft an die Pfingstbewegung an, setzt aber kräftig eigene Akzente. Und dabei ist der Ausgangspunkt wieder die Frage, wie der Heilige Geist wirkt, wie seine Wirkung in bezug auf die Gnadengaben (Charismen) zu verstehen ist. Auch hier ist man in einem Gottesdienst zunächst ganz der Empfangende. Man öffnet sich, man streckt sich dem Geist entgegen, in sichtbaren Gebärden, im Lob und in der Anbetung. Auch hier wird das Wirken des Geistes als Kraftwirkung verstanden, die die Menschen verwandelt, sie neu macht. Aber die Wirkung des Geistes wird nun nicht mehr an einer bestimmten Gnadengabe (Charisma: Prophetie, Heilung, Zungenrede, Unterscheidung der Geister) festgemacht. Alle Charismen sind vielmehr gleich wichtig. Es kommt darauf an, daß ein Gemeindeglied sich für die Mitarbeit in der Gemeinde öffnet und daß dabei die Gaben zur Geltung kommen. Über diese Mitarbeit der Gemeindeglieder bei der Weiterentwicklung der Gemeinde soll es zur Erneuerung der ganzen Kirche kommen.

Hier ist der Heilige Geist mit seinen Wirkungen nicht

mehr festgelegt auf ganz bestimmte Erscheinungsformen (Charismen) – das Geheimnis seines Wirkens, der Respekt vor der »Person« des Heiligen Geistes ist somit gewahrt; zum anderen werden die Gnadengaben dem höheren Ziel, nämlich der Arbeit am Aufbau der Gemeinde und der Arbeit an der Kirche unterstellt. Dies entspricht ganz der Meinung des Apostel Paulus (1. Kor. 14, 2), daß Geistesgaben nur dann positiv zu würdigen seien, wenn sie zu neuem Leben, zum Aufbau der Gemeinde beitrügen. Geistliche Gaben können nämlich auch, wenn sie sich verselbständigen und isoliert betrachtet werden, eine Gemeinde beunruhigen, ja spalten.

Es ist von daher klar, daß die charismatische Erneuerung von Anfang an in der jeweiligen Kirche bleiben wollte, daß sie das Ziel vor Augen hatte, die Kirche durch die charismatische Arbeit zu erneuern. Diese feste Bindung an die jeweilige Kirche unterscheidet die charismatische Erneuerung von der früheren Pfingstbewegung. Man möchte die Kirche Jesu Christi erneuern, man ist nicht bloß zufällig in ihr, man hat vielmehr ein leidenschaftliches Interesse an ihrer Erneuerung. Es ist deswegen auch leicht verständlich, daß die charismatische Erneuerung von Anfang an in beiden großen Kirchen auftrat, in der katholischen sogar noch etwas früher. Hier entwickelte sie sich auch rascher, zumal sich vor allem auch Priester der neuen Spiritualität zuwandten und so ihre Gemeinden prägten. 1975 schon erfolgt die offizielle Anerkennung durch den damaligen Papst Paul VI. bei einem großen charismatischen Treffen in Rom.

Die Eingliederung der Erneuerungsbewegung in die Katholische Kirche verlief ganz problemlos, was vielleicht auch damit zusammenhängt, daß die theologischen Fragestellungen der Erneuerungsbewegung in der katholischen Theologie schon längst vorhanden waren. Die protestantischen Erneuerer in Amerika hatten es bezeichnenderweise nicht so leicht. Man weiß nicht einmal genau, wie sie aus kleinen Gruppen zu einem ganze Gemeinden und Kirchen geistlich beeinflussenden Faktor wurden. Erst nachdem die charismatische Erneuerung nach Europa und dann auch (1963) nach Deutschland kam, setzten sich auch hier die typischen Arbeitsformen durch: größere, überregionale Treffen in großen Tagungs- oder Kongreßzentren; intensive Einführungen in die charismatische Spiritualität in seminarähnlichen Veranstaltungen. Und dann dringt die Erneuerung meist auch hier über charismatisch geprägte Pfarrer in einzelne Gemeinden ein. Katholische und evangelische charismatische Erneuerung bilden *gemeinsam* so etwas wie eine ökumenische spirituelle Basisbewegung. Auch ökumenisch gehören Erneuerung und Kirche unauflöslich zusammen.

Man kann, denke ich, schon an dieser knappen Skizze sehen, wie sehr die Erneuerungsbewegung und die Kirche als Institution, als Organisation aufeinander angewiesen sind. Die Kirche als Institution braucht die Erneuerung, braucht den Geist immer wieder. Sonst erstarrt sie, lebendiges Leben wird zuerst zu einem Verwaltungsvorgang und stirbt dann ab. So lange der christliche Glaube immer wieder Erneuerungsbewegungen produziert, ist der heilige Geist noch am Werk, braucht man um den Glauben keine Angst zu haben. Die Kirchen brauchen also die Erneuerungsbewegung um ihrer selbst willen. Umgekehrt braucht die Erneuerungsbewegung den Halt an und die Auseinandersetzung mit der Kirche als Institution. Sonst würde sie in ihrer Wirkung alsbald verpuffen oder krampfhaft den Tagesaktualitäten nachrennen, um die Existenzberechtigung unter Beweis zu stellen. Der Geist weht, wo er will. Ganz gewiß. Aber das ist eine kritische Aussage. Sie besagt im Zusammenhang mit dem 4. Kapitel des Johannesevangeliums, wo sie steht: Jetzt betet man Gott auf dem Ebal an. Jetzt betet man Gott auch im Tempel von Jerusalem an. Aber eines Tages wird der Geist die Menschen instand setzen, Gott an jedem Ort anzubeten. D.h. die Anbetung Gottes ist nicht mehr auf den Ebal oder den Tempel beschränkt. Sie kann auch anderswo stattfinden. Aber sie hat auf jeden Fall ihren konkreten Ort. Der Geist ist kein Irrwisch. Der Geist ist nicht die Liebe, die sich nicht binden will. Er sucht sich im Gegenteil immer einen konkreten Ort, konkrete Menschen, konkrete Probleme. Also im Fall der charismatischen Erneuerung eine konkrete Gemeinde, eine konkrete Kirche. Ob es zulässig ist, sich im Namen des Geistes eine Kirche nach eigenem Geschmack zurechtzumachen, sei dahingestellt. Was sollte sich da denn erneuern, wenn man sozusagen auf der grünen Wiese anfängt? In welche kirchlichen Amtsstuben sollte der Geist da fahren? Von welchen gut etablierten Pfarrhäusern sollte er das Dach abdecken?

Daß in der Gemeindeerneuerung die bedauerliche Tendenz zur Separation, zur christlichen Eigenbrötelei aufgebrochen ist, hat vermutlich gar nichts mit dem Geist zu tun, der da weht, wo er will. Das hat etwas mit den fatalen und anachronistischen Neigungen des Protestantismus und mancher seiner Vertreter zu tun, Sonderlehren gleich für kirchenbegründend oder kirchenspaltend zu halten. Denn in der katholischen Erneuerung finden wir dergleichen nicht.

Das Wirken des Geistes in der Kirche ist also immer ein konfliktreicher Prozeß, der seine Spuren in den Beteiligten hinterläßt. Man sollte sich da keinen Illusionen hingeben. Aber

Konflikte, in denen es um Wesentliches geht – in ihnen kommt die Lebendigkeit und die Wachheit der Christen zum Ausdruck, die die Kirche ausmachen. Leben ist nun einmal ein konfliktreicher Prozeß. Und der Geist ist der Schöpfer des Lebens.

ANDREAS RÖSSLER

Pfingstbewegung

Die Pfingstbewegung, die um 1906 in den USA ihren Anfang nahm, ist der am stärksten wachsende Teil des Weltprotestantismus. 40 bis 60 Millionen getaufte Christen sind dazu zu zählen. Zusammen mit den nichtgetauften Angehörigen und Anhängern sogar 120 Millionen Menschen. Da finden sich große Pfingstkirchen in Brasilien und Chile, die dem Ökumenischen Rat der Kirchen angehören, und auf der anderen Seite frei schwebende Einzelgemeinden. Die beiden größten deutschen Gemeindeverbände, der »Christliche Gemeinschaftsverband Mülheim an der Ruhr« und der »Bund Freikirchlicher Pfingstgemeinden« (dem im Mai 1988 die »Volksmission entschiedener Christen« beigetreten ist) ähneln den anderen evangelischen Freikirchen. Die »Gemeinde Gottes«, die vor allem in Südwestdeutschland vertreten ist, stellt den deutschen Zweig der amerikanischen »Church of God« (Cleveland) dar. Am Rande stehen Gruppen, die eher zu den Sondergemeinschaften zu rechnen sind, wie die »Spätregen-Mission«.

Die deutsche Pfingstbewegung erwuchs auf dem Boden des Pietismus. Doch ließen die Scheidungen nicht lange auf sich warten. Bei überfüllten Heiligungsversammlungen des Gnadauer Verbandes der Gemeinschaftsbewegung 1907 in Kassel, die der Gemeinschaftspfleger Heinrich Dallmeyer organisierte, kam es schließlich zu unbeherrschten Gefühlsausbrüchen und zu Weissagungen, bei denen sich mehr das menschliche Ich als das göttliche Geisteswirken zu entfalten schien. Auch wenn die führenden Vertreter der jungen

Pfingstbewegung die Übertreibungen bedauerten, wurde die ganze Richtung vom Gnadauer Verband der Gemeinschaftsbewegung und weiteren Vertretern der Evangelischen Allianz in der Berliner Erklärung vom 15.9.1909 scharf verurteilt: »Die sogenannte Pfingstbewegung ist nicht von oben, sondern von unten; sie hat viele Erscheinungen mit dem Spiritismus gemein. Es wirken in ihr Dämonen, welche, vom Satan mit List geleitet, Lüge und Wahrheit vermengen, um die Kinder Gottes zu verführen.« Durch die Berliner Erklärung wurden Gräben zwischen Pietismus und Pfingstbewegung aufgerissen, die bei aller theologischen Verwandtschaft immer noch nicht zugeschüttet sind. Gefahren aufzuzeigen ist berechtigt, die Pfingstbewegung zu dämonisieren, ist ungerecht. Die Mülheimer Erklärung vom 29.9.1909, in der die Pfingstler auf die Berliner Erklärung antworteten, ist selbstkritisch und nobel. Es heißt hier: »Wir danken dem Herrn für die jetzige Geistesbewegung. Wir sehen sie an als den Anfang der göttlichen Antwort auf die jahrelangen Glaubensgebete um eine weltumfassende Erweckung. Wir erkennen also in ihr eine Gabe von oben und nicht von unten. ... Der Zweck dieser Bewegung ist, daß das Blut Jesu durch völlige Erlösung Seine Kraft beweise und daß der Heilige Geist Raum und Herrschaft gewinne, um uns zuzubereiten für das Kommen des Herrn.«

Das besondere Anliegen der Pfingstbewegung ist das Wirken und die Erfahrung des Heiligen Geistes nach dem Muster der Pfingstgeschichte von Apg. 2. Paulus zählt in 1. Kor. 12-14 verschiedene Geistesgaben (Charismen) auf. Drei davon werden in den Pfingstgemeinden besonders gepflegt, ohne daß sie allen Gemeindegliedern oder wenigstens allen Predigern zuteil werden würden: die Weissagung oder Prophetie, verstanden als ein durch den Heiligen Geist vermitteltes Wort Gottes, unmittelbar an eine Person oder eine Gruppe gerichtet oder in eine bestimmte Situation hinein gesprochen, das von der Gemeinde geprüft werden muß; die Krankenheilung, als Gebet mit den Kranken und als Fürbitte für sie, mit dem Zeichen der Handauflegung; und vor allem die Zungenrede. Von außen gesehen, ist die Zungenrede eine Art Lallen unverständlicher Laute, im Zustand gefühlsmäßiger Erregung und ohne Steuerung durch den Verstand. Sie hört sich an wie eine fremde Sprache, die weder die Sprecher noch die Hörer verstehen. Von innen her verstanden, handelt es sich bei der Zungenrede um Gebet oder um Lobpreis Gottes, manchmal auch um Ermutigungen oder Ermahnungen. Die Zungenrede im Rahmen von gottesdienstlichen Versammlungen wird im allgemeinen von Menschen, denen das Charisma der Auslegung zuteil geworden ist, in verständliche Rede übersetzt.

»Heiliger Geist« bedeutet: Gott selbst in seinem erleuchtenden und erneuernden Wirken in uns, seine Einwohnung in unserem Denken, Wollen und Fühlen. Manche Christen sind in ihrer Frömmigkeit eher vom ersten Glaubensartikel bewegt, von Gottes Schöpfermacht, seiner Unermeßlichkeit und von unserer Abhängigkeit vom göttlichen Daseinsgrund. Andere kreisen mehr um den zweiten Artikel, die Offenbarung der Barmherzigkeit und des Willens Gottes in Jesus Christus, das in ihm dargebotene Heil und den Ruf in die Nachfolge Jesu. Andere schließlich, und hier etwa die Pfingstler, richten ihr besonderes Augenmerk auf den dritten Artikel, auf Gottes Heiligen Geist, der uns gewiß macht, daß wir Kinder Gottes sind, und der in uns Kräfte des Glaubens und der Liebe freisetzt. Die unterschiedlichen Akzente ergänzen sich. Kommt die Erfahrung des göttlichen Geistes

zu kurz, so verkümmert der Glaube zu einer bloßen Weltanschauung oder zu einem für wahr zu haltenden, aber nicht innerlich angeeigneten und empfundenen Glaubensgesetz.
Die »Berliner Erklärung« macht zu Recht darauf aufmerksam, daß nicht alles Überwältigtwerden vom Geist auf den Heiligen Geist zurückgeht. Manchmal rührt sich hier viel mehr der Menschen eigener Geist, oder ein widergöttlicher Geist, der ganze Menschengruppen verblenden und verführen kann. Die Reformatoren haben den unlösbaren Zusammenhang von Wort und Geist eingeschärft. Das in Jesus Christus Mensch gewordene Gotteswort ist der Maßstab, ob wir es wirklich mit dem Heiligen Geist zu tun haben. Dieses Wort Gottes umgekehrt wird erst durch das innere Zeugnis des Heiligen Geistes zur lebendigen Anrede Gottes, die uns die Vergebung der Schuld erfassen läßt und zur tätigen Liebe treibt.
Ein Schlüsselbegriff der Pfingstbewegung ist die »Geistestaufe«, wobei man sich auf Mk. 1, 8-10, Joh. 1, 33 und Apg. 1, 5 bezieht. Die meisten Pfingstler verstehen darunter eine übermächtige Gotteserfahrung, die dem bereits wiedergeborenen Christen zuteil wird, häufig mit dem Zungenreden verbunden. Unterschieden werden dann zwei Stufen des Heilswegs. Die erste Stufe ist die vom Heiligen Geist gewirkte Bekehrung, die Umkehr aus dem von der Sünde geprägten zu einem von Gott bestimmten Leben, die Erfahrung der Wiedergeburt. Aber erst die zweite Stufe, eben die Geistestaufe, bringe die Fülle des Christseins und der Heiligung mit sich, soweit die Heiligung nicht der Geistestaufe schon vorgeschaltet ist. Damit kommt es freilich zur fragwürdigen Tendenz, Christen erster und zweiter Klasse zu unterscheiden, statt sich mit den Reformatoren einzugestehen, daß Christen täglich der Umkehr bedürfen, stets von

neuem auf die Sündenvergebung angewiesen sind und immer unterwegs und fehlbar bleiben. Der Christliche Gemeinschaftsverband allerdings ist ein Beispiel dafür, daß Geistergriffenheit und biblische Nüchternheit zueinander passen. Hier werden Bekehrung bzw. Wiedergeburt einerseits und Geistestaufe andererseits nicht scharf unterschieden, sondern im Sinn eines lebenslangen Erneuerungsprozesses zusammengesehen. Allen noch so spektakulären Geistesgaben wird die Liebe als die »Frucht des Geistes« vorgeordnet. »Im Gehorsam gegen das Wort Gottes und die Leitung Seines Heiligen Geistes bezeugen wir die Notwendigkeit einer tieferen Erfüllung mit dem Heiligen Geist für Leben und Dienst in der Nachfolge Jesu Christi.« Dem ist evangelisch-lutherischerseits nichts hinzuzufügen!

LITERATURHINWEISE

Selbstdarstellungen

Kurt Eberhardt, Hg., Was glauben die anderen? 27 Selbstdarstellungen, Gütersloh 1977.

Christian Krust, Hg., Was wir glauben, lehren und bekennen, Altdorf bei Nürnberg, 1963.

Quellen

Walter Hollenweger, Hg., Die Pfingstkirchen. Selbstdarstellungen, Dokumente, Kommentare (Die Kirchen der Welt, Band VII), Stuttgart 1971.

Ernst Giese, Und flicken die Netze. Dokumente zur Erweckungsgeschichte des 20. Jahrhunderts, Metzingen 1987.

Kritische Darstellungen

Hans-Diether Reimer und Oswald Eggenberger, . . . neben den Kirchen. Gemeinschaften, die ihren Glauben auf besondere Weise leben wollen (Bibel-Kirche-Gemeinde, Band 12), Konstanz 1990[9].

Erich Geldbach: Freikirchen. Erbe, Gestalt und Wirkung, Bensheimer Hefte 70, Göttingen 1989.

HANS-DIETHER UND INGRID REIMER

Neupfingstlerische Strömungen

Im folgenden Beitrag sollen zwei wichtige neupfingstlerische Gruppierungen vorgestellt werden: Das »Jugend-, Missions- und Sozialwerk« (JMS) in Altensteig und »Jugend mit einer Mission«.

In den 60er Jahren unseres Jahrhunderts kam es zu einer neuen weltweiten Glaubensbewegung in der Christenheit. Sie war konfessionell nicht zu orten. Als sie Anfang der 70er Jahre auch zu uns kam, erlebten wir sie vor allem als »Jesus-People-Welle«. Durch aktive Mission wurden viele Menschen mit der Evangeliumsbotschaft erreicht; sie bekehrten sich, wurden innerlich und oft auch äußerlich geheilt. Ein neues Leben begann, vom Gebet, von wunderbaren Führungen und Geisteserfahrungen geprägt; die Gemeinschaft im Glauben wurde neu gelebt.

Solche Erweckungen haben nicht nur je ihre Zeit, sie haben auch einen mehr oder minder deutlichen Ursprungsort, von dem sie ihre Grundprägung erhalten. Dieser Aufbruch begann in den Vereinigten Staaten, wobei die Impulse vom Pfingstlertum kamen. Man spricht daher von einer »neupfingstlerischen/charismatischen« Bewegung.

Worin unterscheidet sie sich von der traditionellen Pfingstbewegung? Für die Pfingstler ist es selbstverständlich, dort, wo der Geist neu zu wehen beginnt, auch neue Gemeinden zu gründen. Vielfach bildeten sich dann Gemeindeverbände, die zu Kirchen (Denominationen) mit fester Praxis- und Lehrtradition wurden. Der neue Aufbruch dagegen steht ganz im Zeichen von Mission und »Evangelisation in der

Kraft des Geistes«. Ihm geht es um Erweckung, wobei die Leute nicht aus ihren angestammten Gemeinden und Gemeinschaften herausgeholt werden sollen. Im Gegenteil, der Geist soll die Kirche erneuern.
Dort, wo Pfarrer von der Bewegung ergriffen werden, kommt es zur (kirchlichen) »charismatischen Erneuerung« oder »geistlichen Gemeindeerneuerung«. Wo die Impulsträger von außen kommen – die einen stärker pfingstlerisch geprägt, wie die »Geschäftsleute des vollen Evangeliums«, die anderen weniger, wie etwa »Teen Challenge« –, da geht es um missionarische und evangelistische Aktionen; es werden entsprechende Werke gegründet, Bibel- und Jüngerschaftsschulen, Glaubenszentren entstehen. Die Aktion ist das Entscheidende, nicht die Gründung von (Pfingst-)Gemeinden. Wohl bilden die Trägergruppen verbindliche Gemeinschaften; wohl steht man auch hier in bestimmten Lehrtraditionen und ist nicht einfach »überkonfessionell«, wie meist behauptet wird. Aber man ist in Bewegung, anderen Strömungen und Gruppierungen gegenüber offen, und die Übergänge zu mehr traditionellen erwecklichen Aufbrüchen und innerkirchlichen Kreisen sind fließend. Zwei solche gemäßigt »neupfingstlerische« Gruppierungen sollen nun vorgestellt werden: Das »Jugend-, Missions- und Sozialwerk (JMS)« in Altensteig und »Jugend mit einer Mission«.

Zunächst soll das »Jugend-, Missions- und Sozialwerk« (JMS) besprochen werden. Gründer und geistiger Kopf des JMS ist Hermann Riefle (geb. 1937 bei Ansbach), ein gelernter Bau- und Möbelschreiner, bis heute Landwirt in Stammheim. Als 19jähriger hat er auf der Stuttgarter Königstraße seine Bekehrung erlebt. Dann fand er zur pfingstlerischen »Volksmission entschiedener Christen«, von der er nach seiner Predigerausbildung zum Pastor ordiniert wurde. Mehrere Jahre lang war er in der Berliner Mitternachtsmission und im Jugendgefängnis Moabit als Seelsorger tätig. Doch konnte er sich offensichtlich nicht bleibend einer vorgegebenen Institution einfügen. 1964 verließ er Berlin wieder. Auch als er im Schwarzwald Leiter einer kleinen Pfingstgemeinde wurde, sprengten seine Planungen den Rahmen des Möglichen, und er mußte sich wieder zurückziehen. Riefle wollte ein christliches Jugendzentrum errichten. Einige Jahre später stellten sich Prophezeiungen, Visionen und Träume ein, und 1973 entstand in der Altensteiger Bahnhofstraße ein Jugendfreizeitheim. Riefle fand gute Mitarbeiter und gründete im folgenden Jahr das JMS, dessen Leitung in Händen eines 16köpfigen »Jugendkomitees« lag. Es war damals die hohe Zeit der neupfingstlerisch-charismatischen Bewegungen, und man wollte sich nach dem Neuen ausrichten. Die Arbeit weitete sich rasch aus, das Werk expandierte. Viele Freizeiten, Tagungen und evangelistische Veranstaltungen wurden durchgeführt, charismatische Gottesdienste angeboten, Jugendgruppen, Hauskreise entstanden, Kinder-, Frauen- und Männerarbeit usw. Weltweite Kontakte führten zu weitergespannten Konzeptionen: JMS sollte nicht ein kleines Einzelwerk bleiben, vielmehr sollte die Arbeit ein nationales, ja internationales Ausmaß bekommen. So entwickelte sich JMS zu einem Zentrum, mit dem sich eine wachsende Zahl von Kreisen, Gruppen und Gemeinschaften enger oder loser verbanden. Die Faszination und Ausstrahlung des JMS ist groß, vor allem seit in den 80er Jahren die christliche Medienarbeit in den Blick kam: an Pfingsten 1986 wurde ein modern ausgerüstetes »Fernseh- und Tonstudio« eingeweiht. Und nun ist man darangegangen, eine »Medienakademie« auf die Beine zu stellen.

Ein rasch wachsendes Werk hat freilich auch seine Probleme. Wie kann mit der äußeren Expansion auch das geistliche Wachstum Schritt halten? Überaktivismus ist eine akute Gefahr. Und wie können in einem solchen Glaubensunternehmen, das bewußt nicht zentralistisch aufgebaut ist, die wenigen leitenden Personen die große Schar der Mitarbeiter auf gutem Wege halten? Auch gibt es ungute Trittbrettfahrer, »wilde Propheten« oder fragwürdige Unternehmer, denen man anfänglich traute, von denen man sich aber wieder trennen mußte. Und natürlich werden auch Fehler gemacht. Die meisten Schwierigkeiten aber haben mit dem Verhältnis zu den vorhandenen christlichen Gemeinden und Gemeinschaften zu tun. Wollte man auf jeden Fall mit allen im Frieden leben, bräuchte dies so viele Kontakte, Verhandlungen und Kompromisse, daß die Kraft des Neuaufbruchs bald verbraucht wäre. So aber wird das JMS von den meisten als ein unliebsamer Konkurrent empfunden, der nach eigenen Gesetzen lebt und plant; der sich auch lehrmäßig und strategisch nicht festlegen läßt (weil der Geist führen soll), so daß man nicht weiß, mit wem man es bei JMS nun wirklich zu tun hat. Viele sagen, es wäre das beste, eine eigene Gemeinde oder Freikirche zu gründen, dann wären die »Fronten« klar. In diesem Punkt aber wollen die Leiter von JMS ihrem Ansatz treu bleiben. Sie wollen keine »Sekte« bilden. Auch hat Riefle zu viele Unvollkommenheiten in kleinen Gruppierungen gesehen, als daß der freikirchliche Weg ihm die große Lösung bedeuten würde. Fast verbissen wehrt er sich gegen separatistische Tendenzen und sucht kirchliche Kontakte. Er will einer Glaubenserweckung dienen, die auf vielen Wegen in die Christenheit hineinwirkt, ohne Grenzen zu errichten und Spaltungen zu bewirken. Dabei hat er allerdings die bisherige Geschichte des Chri-

stentums gegen sich: immer wieder haben Glaubensaufbrüche zu Trennungen geführt. So kam es auch im Zusammenhang mit JMS zur Bildung eigenständiger Gruppen.
Eines steht fest: allein kann er auf dem eingeschlagenen Weg nicht weitergehen, selbst wenn alle seine Mitarbeiter mitziehen sollten. Erweckung und Erneuerung der Christenheit ohne Spaltung – das ist eine Zielsetzung, die alle herausfordern muß, die mit ihr konfrontiert werden. Zumal hier die biblische Zumutung an die Kirche Jesu Christi wieder hervortritt: den Geist (und Glauben) nicht zu dämpfen (1. Thess. 5,19) und zugleich die Einheit in Christus (Joh. 17) zu bewahren.

Als zweite neupfingstlerische Gruppe soll nun »Jugend mit einer Mission« (JMEM) vorgestellt werden.
»GO« ist ein buntes Heft, das dazu aufrufen will: »Geht hin (in alle Welt)!«. Mit über 500 Einzelfotos gibt es einen Überblick über die weltumspannende und vielgestaltige Tätigkeit von »Jugend mit einer Mission«. Da schauen einen Menschen mit fragenden Augen an, Menschen auch, die Hilfe brauchen: Hier eine Schar schwarzer Kinder, dort eine Versammlung junger Chinesen oder eine Indiofamilie in ihrer ärmlichen Hütte. Und da sind Menschen, die mit einer klaren Verkündigung auf andere zugehen und denen man ihre eigene entschiedene Haltung vom Gesicht ablesen kann: Sie stehen am Mikrofon und predigen in die Menge hinein, sie bringen ihre Botschaft durch Musik zum Ausdruck, oder – für JMEM besonders typisch – durch szenische Darstellung und eindrucksvolle Pantomime.
Wellen und Wogen durchziehen dieses Heft wie ein Motiv. Denn das war die Vision, die Loren Cunningham aus Kalifornien, der Gründer von JMEM, als 20jähriger einst hatte:

»Vor meinem geistigen Auge konnte ich eine Weltkarte erkennen – sie schien lebendig zu sein und bewegte sich. Wellen brandeten gegen die Erdteile, drangen ins Landesinnere vor – bis alle Nationen bedeckt waren. Und während ich noch zusah, wurden die Wellen zu jungen Leuten aller Rassen . . . « Ihm wurde klar: »Gott wollte das Potential der Jugend für die Mission freisetzen. «
Seine Ausbildung hatte Loren Cunningham (geb. 1935) bei den »Assemblies of God«, der größten Pfingstkirche Amerikas, erhalten. 1960 gründete er »Youth with a Mission« mit dem Ziel, Teams von jungen Menschen nach relativ kurzer Schulung zum Missionieren auszusenden. Bereits nach dem ersten großen Einsatz auf den Bahama-Inseln 1964 zeigte sich, daß diese »interkonfessionelle« Arbeit, besonders wohl wegen ihrer spontanen Art, nicht im Rahmen seiner Pfingstkirche weitergeführt werden konnte; Cunningham trennte sich von ihr. So entstand eines jener freien evangelistisch-missionarischen Werke (mit evangelikalem oder pfingstlerisch-charismatischem Hintergrund), wie sie vor allem seit den 50er Jahren auch bei uns zahlreich aufgetreten sind, vielfach als internationale Organisationen (weitere Beispiele: »Campus für Christus«, »Operation Mobilisation«). Sie verstehen ihre Arbeit meist als überkonfessionell. Damit ist gemeint, daß sie weder organisatorisch noch glaubensmäßig an eine bestimmte Konfession gebunden sind und daß ihre Mitarbeiter aus den verschiedenen christlichen Kirchen kommen. Doch läßt sich nicht leugnen, daß sie faktisch in einer ganz bestimmten protestantischen Tradition erwecklichen Christentums stehen. – JMEM selbst verwendet statt »überkonfessionell« die Bezeichnung »interkonfessionell« und möchte damit noch stärker den Aspekt der Zusammenarbeit mit anderen Konfessionen betonen.

Nach über 25 Jahren ist JMEM in 85 Ländern mit etwa 325 Niederlassungen vertreten (davon 100 Schulungszentren) und hat 6800 vollzeitige Mitarbeiter (1988). Jährlich reisen ca. 100000 Freiwillige zu kurzfristigen Einsätzen in die Welt hinaus. Verschiedene Möglichkeiten werden angeboten: Festivals, GO-Camps und andere Einsätze in deutschen und europäischen Städten oder auf anderen Kontinenten. Besondere missionarische und karitative Möglichkeiten bieten die beiden Schiffe »Anastasis« (Auferstehung) und »Good Samaritan« (Guter Samariter), die zum Transport von Hilfsgütern und christlicher Literatur, für medizinische Hilfe (ambulante Klinik), missionarische Veranstaltungen, Ausbildung und manches andere genutzt werden.
In die Bundesrepublik kam JMEM aus Anlaß der Olympiade 1972 in München mit 1000 jungen Leuten aus verschiedenen Ländern. Sie schlossen sich mit anderen Gruppen und Werken zu gemeinsamer missionarischer Aktion zusammen. Damals wurde Schloß Hurlach, südlich von Augsburg, erworben, das bis heute das eigentliche deutsche Zentrum ist. Hier wird vor allem die »Schule für Jüngerschaft« durchgeführt: ein Kurs mit drei Monaten Unterricht und drei praktischen Monaten mit missionarischen Einsätzen. »Sie ist einerseits Charakterschule (Nachfolge Jesu, Leben in geistlicher Gemeinschaft), andererseits Zurüstung für einen missionarischen Lebensstil, und sie will den Blick für die Welt-Evangelisation öffnen.« Auf diese Jüngerschaftsschule baut ein Kurs für Leiterschaft auf, in dem Prinzipien geistlicher Leiterschaft eingeübt werden.
Seit einigen Jahren wird ein neues Experiment versucht: In verschiedenen Städten, z.B. Frankfurt, leben Basisgruppen von JMEM, die kontinuierlich arbeiten und dabei auch die sozialen Probleme (z.B. Drogenabhängigkeit) einbeziehen.

Sie versuchen, im Kontakt mit landeskirchlichen und freikirchlichen Gemeinden junge Menschen zum Glauben zu führen und sie in ihrem geistlichen Wachstum zu begleiten.
Was das Wesentliche der Arbeit von JMEM ist, hat Keith Warrington, einer der leitenden Mitarbeiter in Deutschland, in einer etwas grundsätzlicheren Besinnung über »Ziele und Wege« in vier Punkten zusammengefaßt: 1. Aufbau des Gottesvolkes, 2. Evangelisation und Erweckung, 3. Weltmission, 4. Gesellschaftsreform. – Es ist bei einem »Missionswerk« nicht selbstverständlich, daß missionarische Aktivität erst an zweiter Stelle genannt wird. Priorität hat hier das innere, geistliche Wachstum, das zuerst einmal das Zusammenleben in der eigenen Gruppe betrifft: »Wir können nur weitergeben, was wir selbst als Gemeinschaft erleben.«
Im Vergleich mit anderen Missionen, die aus Übersee zu uns kommen, hat JMEM eine erstaunliche Sensibilität gezeigt, sich auf die jeweiligen kirchlichen und gemeindlichen Gegebenheiten einzustellen. Ein intensives Gebetsleben, das vom einzelnen Mitarbeiter wie auch von den Teams praktiziert wird, bedeutet echtes Offensein für die konkreten Anforderungen.
Freilich wird hier ein ganz spezieller charismatisch geprägter Frömmigkeitsstil gelebt, der – auch bei großer Bereitschaft zur Zusammenarbeit – eine relativ schmale Basis für die Beziehungen zu anderen Gruppen und Gemeinden bildet. Es ist eine sehr intensive Frömmigkeit, die zum Gehorsam gegenüber Gott, zur konsequenten Nachfolge Jesu, damit auch zur Aufgabe eigener Interessen und persönlicher Entfaltung aufruft. Für junge Menschen, die eine Zeitlang bei JMEM mitgearbeitet haben und von dieser Form christlichen Engagements geprägt sind, dürfte es nicht leicht sein, ihre neuen Vorstellungen und Ziele in die angestammten

Gemeinden einzubringen, was eigentlich bezweckt ist. Auch ist die Befürchtung mancher besorgter Eltern, daß ihnen die Rückkehr in ein bürgerlich-normales Leben schwer werden könnte, nicht ganz unberechtigt. Für viele Menschen ist ein primär religiös bestimmter Lebensstil an sich schon suspekt, und sie setzen hier mit harter Kritik an. Aber gerade darin steckt auch die Anfrage an unsere traditionelle Kirchlichkeit und an unsere eigene Glaubensfähigkeit.

KLAUS BANNACH

Universelles Leben

Gabriele Wittek war eine ganz normale Hausfrau, wohnhaft mit ihrem Mann in Augsburg. Sie war katholisch. Aber sie war wie so viele andere Menschen in den Jahren nach dem Zweiten Vatikanischen Konzil unzufrieden mit ihrer Kirche. Doch vermißte sie nicht, wie so viele andere Menschen, demokratische Umgangsformen in ihrer Kirche oder ökumenische Aufbrüche. Sie vermißte direkte Erfahrungen mit Gott, neue Offenbarungen. Eines Tages glaubte sie, selbst solche Offenbarungen zu haben. Der Erzengel Emanuel trat an sie heran und verkündete den wahren Willen Jesu für heute. Nach diesen Offenbarungen war die wahre Kirche eine reine Geistkirche ohne alle kirchlichen Institutionen, gebildet von den Menschen, die mit ihrem Herzen dazu gehören wollten. Gabriele Wittek sammelte Menschen um diese Botschaft. Sie trat öffentlich in Kinosälen auf und verkündete im Trancezustand ihre Offenbarungen. Sie zog nach Würzburg, gründete eine spirituelle Organisation, die sich zunächst »Heimholungswerk Jesu Christi«, dann »Universelles Leben« nannte. Immer mehr Menschen bekannten sich zu diesem neuen Leben. Man kaufte Grundstücke in Würzburg auf und gründete den Christusstaat, in dem man nach der Bergpredigt als »Urchristen« leben wollte. Man baute Häuser und gründete wirtschaftliche Unternehmungen, die dank vermögender Kapitalgeber, die sich dem »Universellen Leben« angeschlossen hatten, alsbald florierten. Gabriele Wittek aber war mit ihren Offenbarungen die Prophetin

Gottes im »Heimholungswerk Jesu Christi« oder »Universellen Leben«.
Wo steckt nun das Problem bei solchen Propheten, die für sich eine Offenbarung Gottes oder Jesu Christi oder wie in unserem Fall des Erzengels Emanuel in Anspruch nehmen, die wie bei Gabriele Wittek weit über das hinausgeht, was wir in der Bibel lesen können?
Die Theologen nennen Propheten von der Art Gabriele Witteks Neuoffenbarer, eben weil sie Gehör beanspruchen für Aussagen, die nicht in der Bibel zu finden sind. Man beruft sich dafür auf eine fortlaufende Offenbarung Gottes, auch heute noch. Oft stellen diese Neuoffenbarungen das kirchliche Christentum in Frage. So behauptet etwa das »Universelle Leben«, Gott habe im Reichsgottesstaat in Würzburg, im Neuen Jerusalem, nach dem Judentum und dem Christentum die Heilsgeschichte mit den Menschen neu angefangen. Es hat im Laufe der Kirchengeschichte immer wieder solche Neuoffenbarer gegeben. Und meist hat sich die Kirche die Auseinandersetzung mit ihnen zu leicht gemacht, weil die Neuoffenbarer von vornherein Unrecht hatten, da die Kirche sich im Besitz des unfehlbaren Lehramtes oder der unfehlbaren Heiligen Schrift wähnt(e). Das Ergebnis solcher Auseinandersetzungen waren dann meist Ketzerprozesse und die brennenden Feuer der Scheiterhaufen, sind heute Diskriminierungen und kirchliche Dialogunfähigkeit. Eigentlich müßte die Kirche an solchen Lehrauseinandersetzungen ein Interesse haben, weil in ihnen sichtbar wird, daß die christliche Lehre noch wirklich lebt. Aber wenn man so weit zu gehen bereit ist, kann man dann noch zwischen wirklichen Prophetien und haltlosem Gefasel, das den Menschen nur den Kopf verdreht, unterscheiden? Man kann. Die wirklichen Propheten haben in ihrer Verkündi-

gung über Welt und Mensch und Gott etwas Unverwechselbares. Ihre Sprache hat einen ganz und gar eigenen Ton. Man sehe sich daraufhin einmal die großen biblischen Propheten an. Man kann Jesaja und Jeremia und Hesekiel nicht miteinander verwechseln. Jeder dieser Propheten redet auf seine, nur ihm eigene Weise von Mensch und Gott. Im mittelalterlichen Armutsstreit haben die »Neuoffenbarer« auch in einer ganz eigenen, unverwechselbaren Weise von Gott und den Menschen geredet.

Gabriele Wittek aber redet überhaupt nicht in einer eigenen Weise von Mensch und Gott. Wenn sie z.B. Aussagen darüber macht, daß Gott heilt, daß also der Glaube Heilkräfte besitzt, dann befinden wir uns plötzlich mitten im Gedankengut von New Thought und Christian Science. Wenn sie sich über das Verhältnis von Gott und Mensch und Welt zueinander äußert, dann plündert sie die esoterischen Systeme aus, die einen siebenstufigen Abfall der Engelwelt in die Materie (= das Böse) annehmen, wobei nur die Stufen neue Namen bekommen, die außerdem die Reinkarnation lehren, um den Gedanken an den Tod erträglich zu machen. Meditation führt wie im New Age zur Bewußtseinserweiterung. Man hat das Gefühl, hier werde aus allen gerade gängigen religiösen Themen ein ziemlich unverdauliches Ragout zusammengestellt, mit dem man im Geschäft bleiben will. Nichts von einer heilkräftigen Prophetie. Dieses Mißtrauen wird dadurch genährt, daß das »Universelle Leben« Offenbarungen Gottes nur für sich selbst und den Bruder Emanuel in Anspruch nimmt und solche außerhalb des »Universellen Lebens« nicht gelten läßt. Wie sehr hier anstelle von Prophetie das rationale Kalkül getreten ist, sieht man auch daran, daß für den Fall des Todes von Gabriele Wittek die Prophetennachfolge durch den Mund des Bruder Emanuel schon geregelt ist. »Das Geistwesen, unsere Schwester, das sich jetzt noch im Erdenkleid befindet, wird nicht in der Welt, da und dort, durch sogenannte Propheten oder Wortträger sprechen. Das Geistwesen wird im ›Universellen Leben‹ zur Erbauung der Gemeinde durch zwei oder drei Prophetinnen hin und wieder sprechen – doch ausschließlich zur Erbauung der Gemeinde und im ›Universellen Leben!‹« Ist man so einmal aufmerksam geworden auf die Interessenverflechtungen im »Universellen Leben«, so wird man denn auch dem sozialen Gehabe der Christusbetriebe auf den Grund gehen, die sich mittlerweile zu einem kleinen Wirtschaftsimperium entwickelt haben (Restaurant, Handwerksbetriebe, Klinik, landwirtschaftliche Betriebe usw.). Da lesen wir denn in einer Betriebsordnung, herausgegeben vom »Universellen Leben«: Die »Innere Religion«, die »Weltreligion« und das »Weltreich Jesu Christi« als Vorspann: »Harmonie ist das Leben des Betriebes. Diese Gesetzmäßigkeit wird von allen in Christusbetrieben Beschäftigten als Grundlage für eine erfolgreiche Zusammenarbeit anerkannt...« Das heißt auf deutsch: Lohnauseinandersetzungen finden in Christusbetrieben nicht statt. Gewerkschaften haben in Christusbetrieben nichts zu suchen. So hat denn auch der Pressedienst des Ordinariats Würzburg am 19. März 1989 im Blick auf die Christusbetriebe kommentiert, ihr Hauptziel sei die wirtschaftliche Expansion, Religion diene als Werbemittel und Motivationsschub. Geistiger Urheber dieses raffinierten New Age-Wirtschaftskonstrukts, das Religion zur Investitions- und zur Arbeitsmotivation mißbrauche, sei ein Wirtschafts- und Didaktik-Professor, der sich für den Aufbau dieses Wirtschaftsimperiums der Hilfe eines Sprachmediums, Prophetin genannt, nur bedient habe.

Wie gesagt, man darf sich dem Gedanken, daß Gott auch heute noch durch Propheten Menschen auf seinen Weg bringt, nicht grundsätzlich verschließen. Die Kirche Jesu Christi sollte sich von Nazareth, der Stadt, in der Jesus, der Prophet, nichts galt, zu unterscheiden wissen. Aber wenn die Manipulation von Menschen so offensichtlich wie im »Universellen Leben« ist, dann kann man eigentlich nur weghören, wenn Propheten ihre Stimme erheben.

KLAUS BANNACH

Nachwort: Wie behauptet sich der Glaube in einer multireligiösen Situation?

Ob sich der Glaube aus eigener Kraft behauptet, wenn es darauf ankommt, kann man bezweifeln. Muß man es sogar bezweifeln. Aber ob behaupten oder nicht – es gibt jedenfalls immer wieder Zeiten, in denen sich für den Glauben eine Menge Fragen auftun, Fragen, die schwierig sind, Fragen, die ans »Eingemachte« gehen. Gottfried Küenzlen hat in seiner Einleitung gezeigt, wie und warum es der christliche Glaube heute nicht nur mit einer säkularen (von vornherein Gott-losen) Welt zu tun hat, sondern auch wieder mit einer religiösen Welt, die seit etwa 1968 immer buntere Züge annahm. Wir haben davon ja einiges kennengelernt. Kirche und Theologie haben sich in einem langen, mühsamen Ringen in den Jahren nach dem Zweiten Weltkrieg bemüht, sich dem säkularen Menschen, also dem Menschen in den Industriebetrieben, in den Verwaltungen, in der Landwirtschaft zuzuwenden. Der Glaube sollte zur Welt kommen, er sollte dem weltlichen Menschen in der Welt nachgehen. Er sollte sich um des Menschen willen in die Politik einmischen, in Fragen der Ökologie, der Weltwirtschaft, der Entwicklung der sog. Dritten Welt, der Apartheid.

In dieser Konzeption von Kirche und kirchlicher Arbeit schlägt sich der Gedanke nieder, den Karl Barth in den 20er Jahren mit großem Erfolg vorgetragen hat. Religion ist immer der Aufstand des Menschen gegen Gott. Religion hat deswegen im Hause der Kirche nichts zu suchen. Die Kirche kann, wenn sie Gott gehorsam sein will, nur weltlich sein wollen, nicht religiös. Dietrich Bonhoeffer hat später Barth zugestimmt und in seinen berühmt gewordenen Briefen aus der Haft sogar gefordert, der Glaube selbst müsse in einer nicht-religiösen Sprache ausgedrückt werden. Religion tritt hier als Kritik auf, als Ideologiekritik, als Aufklärung, als das Stürzen falscher Götzen. Man kann auch sagen: sie tritt prophetisch auf. Und immerhin hat diese Art von Religionskritik wenigstens einen (kleinen) Teil der Kirche davor bewahrt, in die Barbarei des Dritten Reiches, dessen Ideologie ja durch und durch religiös war, zu fallen. Und noch heute läßt sie uns mühelos die totalitären Denkweisen im New Age oder in anderer Weise bei Bhagwan durchschauen. Und doch entsteht mit der Meinung »Wirkliche Religion ist immer Religionskritik« nun ein Problem. Nämlich: was ist, wenn die Götzen alle gestürzt sind? Wenn die Altäre alle leer sind? Wovon sollen die Menschen dann leben? Wie sollen sie mit ihrer Sehnsucht nach Gott zurechtkommen? Wie sich den Wunsch nach einem gemeinsamen Gebet erfüllen? Man weiß inzwischen, daß jeder Mensch unausweichlich religiös ist, daß man ihm das Verlangen nach Transzendenz nicht einfach wegkritisieren darf. Oder anders gesagt: der Kritik an religiösen Fehlformen muß auf der anderen Seite der Aufbau wichtiger religiöser Erfahrungen gegenüberstehen, die Erneuerung geistlichen Lebens.

Menschen brauchen die Erfahrung, daß sie die ganze Misere ihres alltäglichen Lebens hereinholen können in die Erfahrung mit Gott, in den Glanz seiner Herrlichkeit. Der Ausbruch der Neuen Religiosität in einer Welt von notorischer Rationalität und methodischer Gottlosigkeit ist ein Beweis dafür, daß es so ist. Und das Drama, um nicht zu sagen: die

Tragödie ist, daß wir einander in der Kirche kaum zeigen können, *wie* wir glauben, *wie* unser Glaube unser Leben prägt. Entweder beschreiben wir mit alten vertrauten Worten oder auch mit neuen vertrauten Worten der biblischen Sprache unseren Glauben, oder wir beschreiben mit modischem Chic oder prophetischem Ernst unser Leben. Aber wie beides zusammengehört in unserem persönlichen Leben und im Leben der Kirche weltweit: darauf käme es an. Es geht um die menschliches Leben prägende Kraft des Glaubens. Sie allein ist interessant und für die Menschen wichtig und im Sinne Jesu, der Menschen in seine Nachfolge rief. Und ruft. Aber diese prägende Kraft des Glaubens scheinen wir zu verlieren.

Vor einiger Zeit erlebte ich in der Synagoge von Straßburg einen jüdischen Rabbi. Er legte in einer zweistündigen Vorlesung württembergischen Pfarrern den 103. Psalm aus. Ich hatte, wie jeder Theologe, in meiner Studentenzeit viele Vorlesungen über biblische Texte gehört und manche davon haben mich nachhaltig beeindruckt. Und ich nehme bis auf den heutigen Tag die Universitätstheologie vor ungerechtfertigten Angriffen in Schutz, denn sie bringt immer noch tiefe Einsichten in das Reich Gottes hervor, was man an manchen Büchern aus junger und jüngster Zeit zeigen kann. Aber in der Auslegung des 103. Psalms durch den jüdischen Rabbi – da war noch etwas anderes. Was war es? Man merkte, er lebte in der 2000jährigen Tradition des Textes, den er auslegte. Er war von dieser Tradition, dem Alten Testament, wie wir Christen sagen, oder der Thora, wie die Juden sagen, zutiefst geprägt. Er mußte sich diesen Text und seine Aussage nicht erst aneignen (wie wir Christen des 20. Jahrhunderts). Er war in diesem Text schon seit Generationen zu Hause, und die Kunst der Auslegung bestand eigentlich nur darin, diesem Psalm immer neue und tiefere Seiten abzugewinnen. Er lebte von und durch Gottes Wort und gleichzeitig lebte dieses Wort durch ihn. Und das verlieh der Auslegung eine Weisheit und Tiefe, die über die bloß wissenschaftliche Betrachtung eines biblischen Textes weit hinausging.

Auch wir haben als evangelische Christen unsere geistlichen Wurzeln in der Heiligen Schrift. Anders als der Glaube des jüdischen Volkes. Aber auch wir sind von dem Strom, der von der Heiligen Schrift ausgeht, von Gottes Wort getragen, so wie es die Reformation verstanden hat, die Jesus Christus und die Rechtfertigung des irrenden, fehlenden, sündigen Menschen zum Felsen machte, an dem sich der Strom des göttlichen Wortes brechen mußte. Aus dieser Tradition kommen wir her, sie trägt uns und in ihr leben wir. Das bedeutet nicht, daß wir in dieser Tradition gefangen wären und also nur noch evangelische Traditionalisten sein können. Nein, wir können dieser Tradition auch widersprechen. Aber noch im Widerspruch leben wir von ihr. Wir können sie zu ändern versuchen. Aber auch dann leben wir von ihrer Identität. Wir dürfen sie nur nicht einfach ignorieren oder vergessen oder so tun, als sei sie nicht wichtig. Das würde unserem Christsein die Grundlage entziehen. Alles, was wir als Kirche oder als einzelne Christen oder als kirchliche Gruppierung sagen und tun und reformieren, muß deshalb in der ernsthaften Auseinandersetzung mit der Heiligen Schrift, d.h. der Rechtfertigung des sündigen Menschen durch Jesus Christus seine Gestalt gewinnen.

Noch einmal: es geht um die ernsthafte Auseinandersetzung, das ernsthafte Gespräch mit der Schrift in all den Problemen, die uns bedrängen. Zu einem solchen Gespräch kann gehören, daß man dem Gesprächspartner, der Schrift widersprechen muß. Auch wenn dies geschieht, ist die Erkenntnis oder die Entscheidung durch die Schrift als Gesprächspartner zustandegekommen. Der Regelfall wird freilich sein, daß wir unsere Einsichten für heute und morgen mit der Schrift gewinnen. Mit diesen wenigen Gedanken (die schon lange gedacht und somit überhaupt nicht neu sind) ist für den Umgang mit der Neuen Religiosität schon eine ganze Menge gewonnen. Zum Beispiel: als evangelische Christen im Strom dieser Tradition werden wir erhebliche Schwierigkeiten bekommen mit einer religiösen Sehnsucht, die den Menschen göttliche Würden verleihen will (New Age), weil wir wissen, daß der fehlbare Mensch auf Gottes Gnade angewiesen bleibt – ein Leben lang. Oder: da der Glaube, um sich selbst zu verstehen, auf die Heilige Schrift angewiesen bleibt, ist eine wortlose, gedankenlose, stumm religiöse innere Erfahrung eine zweifelhafte Sache. Auch wenn wir in der Stille nach Gott suchen, reden wir im Inneren doch mit Gott, suchen wir mit den Worten unserer Gedanken Antwort zu bekommen von Gott.

Im Gespräch mit der Schrift unser Leben, unsere Welt, unsere Probleme heute zu verstehen und dadurch prägen zu lassen – wenn wir das tun, dann geben wir vor uns selbst und vor aller Öffentlichkeit zu erkennen, daß die Einsichten der reformatorischen Väter für uns bestimmend sind. Wir identifizieren uns mit dem Wort Gottes in seiner reformatorischen Gestalt. Das heißt: in der Vielzahl der religiösen Weltentwürfe und Menschenbilder, in der unüberschaubar vielfältigen Weise, in unserer heutigen Welt fromm zu sein, machen wir uns kenntlich als diejenigen, die daran glauben, daß sie durch Jesus Christus fromm gemacht sind, fromm genug für alle Ansprüche. Dieser Vorgang der Identifikation ist ziemlich wichtig. Denn er verleiht unserem Christsein

ein ganz bestimmtes, unverwechselbares Gesicht. Er versetzt eine ganze Kirche in die Lage, zu dem Wort zu stehen, das ihr wichtig ist, auch wenn ihr das den Zugang zu anderen Menschen und Möglichkeiten verbaut. In der multireligiösen Szene kann man sich nicht mehr mit bloßem Pragmatismus bewegen, man muß wissen, wo man hingehören will – als einzelner Mensch und als ganze Kirche. Der Glaube, der auf allen Hochzeiten tanzt, wird schnell schal und ist am Ende lächerlich. Vielleicht ist das Wichtigste, das wir lernen müssen: zu dem Wort zu stehen, das uns trägt und das wir tragen, auch wenn wir dabei in die unbequeme Position einer Minderheit, vielleicht sogar einer kleinen Minderheit geraten sollten. Manche befürchten freilich, daß wir evangelischen Christen, wenn wir uns so mit dem Wort, aus dem wir herkommen, identifizieren, steril werden, langweilig, nicht mehr attraktiv für den Zeitgenossen. Aber hinter dieser Befürchtung steht die falsche Vorstellung, wir müßten einen festen Bestand an Auslegungsgrundsätzen der Heiligen Schrift, an Glaubensformen und Verhaltensweisen einfach übernehmen. Aber diese Vorstellung ist falsch. Identifikation mit dem Wort Gottes heißt: es bei allen Fragen des Lebens heute nicht mehr aus dem Gespräch zu lassen und dabei herauszufinden, was etwa »Rechtfertigung« heißt. Wissen wir das denn?

Diese Art von Identifikation hat nun aber noch einen anderen Effekt. Sie läßt uns andere Glaubensweisen, andere christliche und andere nichtchristliche Glaubensweisen als gleichberechtigt und gleichwichtig anerkennen. Bei den Früchten des Glaubens ist Vielfalt oder Pluralität in der Tat ein Zeichen der Freiheit. Und auch Christen lernen die Weite von Gottes Geist vielleicht erst ganz begreifen, wenn sie in anderen Religionen die Tiefe religiöser Erkenntnis kennenlernen. Die Grundlage freilich unseres Glaubens: sie kann nicht vielfältig sein. Sie muß eindeutig sein. Denn der Glaube tanzt nicht wie Rumpelstilzchen von einem Bein aufs andere. Er weiß, wo er steht.

Mitarbeiterverzeichnis

Dr. Klaus Bannach, Pfarrer beim Evangelischen Gemeindedienst für Württemberg (Abteilung Theologische Studien, Arbeitsstelle für Weltanschauungsfragen) in Stuttgart.

Christoffer Grundmann, Theologischer Referent am Deutschen Institut für Ärztliche Mission in Tübingen.

Dr. Hansjörg Hemminger, Referent bei der Evangelischen Zentralstelle für Weltanschauungsfragen in Stuttgart.

Dr. Reinhart Hummel, Leiter der Evangelischen Zentralstelle für Weltanschauungsfragen in Stuttgart.

Dr. Gottfried Küenzlen, Referent bei der Evangelischen Zentralstelle für Weltanschauungsfragen in Stuttgart.

Dr. Hans-Diether Reimer, Referent bei der Evangelischen Zentralstelle für Weltanschauungsfragen in Stuttgart.

Ingrid Reimer, Mitarbeiterin bei der Evangelischen Zentralstelle für Weltanschauungsfragen in Stuttgart.

Dr. Andreas Rössler, Pfarrer beim Evangelischen Gemeindedienst für Württemberg (Abteilung Theologische Studien, Referat Ökumenische Studienarbeit) in Stuttgart.

Kurt Rommel, Chefredakteur des Evangelischen Gemeindeblatts für Württemberg in Stuttgart.

Walter Schmidt, Pfarrer beim Evangelischen Gemeindedienst (Abteilung Theologische Studien, Arbeitsstelle für Weltanschauungsfragen) in Stuttgart.